EL PODER DE LAS PRIMICIAS

DONDE COMIENZA LA BENDICIÓN

YADER E. SIMPSON

Whitaker House
Español

A menos que se indique lo contrario, todas las citas de la Escritura son tomadas de La Santa Biblia, versión Reina-Valera 1960 (rvr), © 1960 Sociedades Bíblicas en América Latina; © renovado 1988 Sociedades Bíblicas Unidas. Usadas con permiso. Todos los derechos reservados. Negritas y cursivas son énfasis del autor.

Editado por: Ofelia Pérez

El poder de las primicias
Donde comienza la bendición

ISBN: 978-1-64123-473-3
eBook: 978-64123-481-8
Impreso en los Estados Unidos de América
© 2020 por Yader Simpson

Whitaker House
1030 Hunt Valley Circle
New Kensington, PA 15068
www.whitakerhouse.com

Por favor, envíe sugerencias sobre este libro a: comentarios@whitakerhouse.com.
Ninguna parte de este libro puede ser reproducida o transmitida de ninguna manera o por ningún medio, electrónico o mecánico —fotocopiado, grabado, o por ningún sistema de almacenamiento y recuperación (o reproducción) de información— sin permiso por escrito de la casa editorial. Por favor para cualquier pregunta dirigirse a: permissionseditor@whitakerhouse.com.

1 2 3 4 5 6 7 8 9 10 11 **UJ** 26 25 24 23 22 21 20

Contenido

Prólogo por Héctor Teme 5
Introducción 9
1. Las primicias 21
2. Activar la bendición 41
3. El potencial de una semilla 69
4. Honrar a Dios con primicias 85
5. El primer altar 103
6. Los beneficios de la honra 121
7. Las prioridades 137

Epílogo 153
Acerca del autor 157

Prólogo

Conocí a Yader en un momento especial.

Dios me habló en una exposición y me dijo: "Ve a aquella fila y honra a aquel hombre". Y eso hice. Fui y le pedí amablemente que saliera de esa fila, compré su entrada, busque la acreditación VIP que podía conseguir y se la entregué. Lo vi entrar por la puerta grande y tener acceso a donde quisiera durante todos los días.

Él ni siquiera sabía por qué yo hacía eso. Yo tan solo obedecí. Pero aquel hombre a quien honré y atendí primero, fue quien me mostró más adelante el camino de los secretos de honrar a Dios.

Con los años supe que Dios me había invitado a honrarlo a él, para que a través de su sabiduría aprendiera a honrarlo a Él, a Dios.

He tenido el privilegio de ser su coach por muchos años, pero también he tenido el privilegio de ser su alumno. Yader me ayudó a elevarme en mi entendimiento de la honra y el amor a Dios derramado primero que todo.

Otra de las experiencias intensas que Dios me permitió vivir a través de Yader fue en su propia iglesia.

Aquella mañana de comienzos de enero me recuerdo haciendo un cheque junto con mi esposa y poniendo la cantidad exacta igual a ese año. Ya habíamos comenzado bien el año, pero aquello desató algo especial. Lo que sucedió después ha sido maravilloso. Dios honró aquellas primicias y bendijo no solo nuestras finanzas, sino también nuestras vidas.

La sabiduría de Yader y los contextos de práctica han activado financieramente a miles en el mundo y

PRÓLOGO

nosotros nos sentimos bendecidos de ser parte de ese grupo.

Te invito a dedicarle tiempo de calidad a este libro. Vas a poder ver claramente la diferencia con otros que hablan sobre el tema; porque están aquellos que enseñan y aquellos que viven lo que enseñan.

Ser carta viviente y hablar no solo lo que "respiro", sino lo que "transpiro", en estos tiempos es un valor agregado.

Por eso creo que estás al comienzo de algo grande.

No vas a encontrarte tan solo con un libro de sabiduría, o de técnicas avanzadas para entender más de Dios. Vas a caminar en el cielo.

Podrás llegar a las profundidades del corazón de un hombre que te derrama lo que otros no ven y él vive.

Cruzar ese puente será una hermosa aventura de la mano del Pastor YES.

Su cálida sonrisa y su entrega constante por el otro te lleva de la mano hacia lugares que cambiarán tu futuro; porque lo que viene es meterse de lleno en el corazón de Dios, en una de sus miradas más profundas, en esos senderos que al solo caminarlos uno sabe que ya nada será igual.

He entrenado a miles de personas en Iberoamérica y cada vez que veo a alguien que necesita activar su relación con Dios en comprender cómo se mueve en el área de las finanzas le recomiendo que llame al Pastor YES.

Esta vez se me hizo más fácil. Solo tienes que seguir a través de estas páginas y seguramente entenderás que la honra y las primicias no son solo una técnica de dar, sino es corazón derramado en el lugar correcto en el tiempo correcto para multiplicarse poderosamente.

Dr. Héctor Teme
Fundador y CEO de MétodoCC
Autor de *Punto de partida*
www.metodocc.com
www.hectorteme.com

INTRODUCCIÓN

Llegué a Estados Unidos en el mes de septiembre del año 1988. Mis primeros días en este hermoso país fueron muy difíciles porque no tenía familiares viviendo aquí, excepto unas amistades de mis padres que me hospedaron por unos días. Muy pronto me vi durmiendo en la calle, literalmente. En una ocasión, para matar el hambre (o quizá para que el hambre no me matara a mí), tuve que recoger los desechos de un sándwich en una lata de basura, y esa fue mi comida de todo el día. Conseguí trabajo en un taller de mecánica, y el dueño me dio permiso para dormir en un camión que había estado abandonado en la propiedad por algún tiempo, y que estaba ubicado frente al taller. Aquella chatarra pasó a ser mi primera casa.

Fue bastante difícil adaptarme los primeros días, pero un par de semanas más tarde llegué a apreciar mucho aquel camión. Y fue precisamente en aquellos primeros días, cuando todavía no había cobrado mi primer sueldo, que viví una experiencia que cambió mi vida. Recuerdo que estaba reparando el camión de este caballero colombiano, y mientras yo trabajaba él insistía en hablar conmigo sobre Dios y la Biblia. Después de mucho tiempo de conversaciones acepté acompañarlo a la iglesia el día domingo. Cuando llegó a recogerme, andaba conduciendo un Honda Civic del año 1989. Para mí fue todo un evento montarme, por primera vez en mi vida, en un carro tan nuevo y tan lindo. Mi impresión fue tanta, al entrar en el vehículo, que el muchacho se dio cuenta por los gestos que yo hice… y me preguntó: "¿Te gusta el carro?". Yo, tratando de disimular un poco, le respondí: "Sí… sí, está muy lindo.

> INTRODUCCIÓN

¿Es nuevo, verdad?". Le pregunté, dejando totalmente al descubierto mi inocente impresión de niño ante juguete ajeno.

Empezó a conducir rumbo a la iglesia, y al notar que yo no salía de mi asombro ante tantos botones, el aire acondicionado y el seductor olor a nuevo del carro, me dijo: *"Tú sabes que, si le das a Dios, Él te puede dar un carro"*.

Aquellas palabras fueron sumamente ofensivas para mí. Comencé a maquinar en mi mente lo inapropiado que había sido aquel comentario. En primer lugar, yo estaba viviendo en un camión, ni siquiera tenía un lugar donde vivir. No tenía ropa para vestir. La que me puse para ir a la iglesia ese día, el mismo muchacho me la había regalado. ¿Cómo, pues, se le ocurre decirme que le diera a Dios?

La otra razón por la que aquellas palabras no fueron bienvenidas en mi mundo pensante fue porque yo ni siquiera era cristiano, no había leído nunca la Biblia. Por supuesto que conocía algunas historias como David y Goliat, Jonás y el gran pez, Jesús y Lázaro, pues mi abuelita se había encargado de poner esas semillas en todos sus nietos, pero no al punto de que me pidieran que le diera a Dios. Además, ni siquiera habíamos llegado a la iglesia y este señor ya me estaba pidiendo plata. Llegué a pensar que los cristianos eran todos unos abusadores, y me dije a mí mismo: "Si estos cristianos tuvieran el amor de Dios, en vez de pedirme dinero, más bien me estarían dando, porque aquí el necesitado soy yo". Aquel viaje a la iglesia se hizo muy largo para mí, porque no terminaba de salir del asombro de cómo este personaje a quien recién conocía, tuvo la osadía de pedirme dinero para Dios.

Cuando llegamos a la iglesia, debo confesar que el ambiente era sumamente atractivo: la música, la fe, la alegría, los abrazos. Todo lo que sucedía me dejaba saber que había llegado al lugar correcto. De repente el

INTRODUCCIÓN

pastor sube a la plataforma y empieza a hablar sobre el diezmo y el darle a Dios… aquellas palabras volvieron a mi mente: *"Tú sabes que si le das a Dios, Él te puede dar un carro"*. Te aseguro que no sé qué más habrá dicho el pastor, porque aquellas palabras no me dejaban tranquilo. Era como si me hubieran metido un disco en mi cabeza y no paraba de repetirse.

Cuando el pastor terminó de hablar, volvió la música y empezaron a ir fila por fila con una cesta que pasaba de mano en mano para que todos pudiéramos depositar el donativo. En ese momento todo lo que yo tenía en el bolsillo era un billete de $50 que mi papá me había encomendado encarecidamente que no lo gastara. Ese dinero solo era para ser usado en caso de extrema emergencia, así es que yo no lo había tocado para nada, aun en momentos de hambre y frío.

Ahora me encontraba ante el desafío más grande de mi vida (hasta ese momento). Por un lado, la voz que no dejaba de repetirse en mi cabeza: *"Tú sabes que si le das a Dios, Él te puede dar un carro*"; y, por otro lado, lo único que tenía era aquel "billete sagrado" de cincuenta dólares que mi papá me había dado. Era un verdadero conflicto interno entre "doy" o "no doy". Hasta llegué a sentir escalofríos; me parecía que estaba entre una espada y una pared. Por si fuera poco, todos los que estaban sentados en la misma fila donde yo me senté, estaban poniendo dinero en la cesta. Así es que el no hacerlo, según yo, me iba a hacer lucir muy mal.

Llegó el momento en que la cesta estaba frente a mí y ya no tenía más tiempo para continuar en aquel debate mental. Tenía que tomar una decisión, porque la persona que tenía a un lado me estaba pasando la canasta y la del otro lado también la estaban esperando, con billete en mano. A todo esto, la voz no paraba de insistir: "*Tú sabes que si le das a Dios, Él te puede dar un carro*". En ese momento me metí la mano en el bolsillo, agarré el "billete sagrado", y lo deposité en la cesta. Jamás me voy a olvidar cuando vi caer aquel

INTRODUCCIÓN

billete en el puñado de billetes que ya habían dado los que estaban antes que yo. Las personas encargadas de recolectar las cestas terminaron de hacer su trabajo, y se fueron del auditorio.

Fue entonces que me entró el sentimiento más fuerte que había experimentado, porque me sentí estafado, ultrajado, burlado, abusado. Ya no supe que más sucedió en aquel servicio, porque todo lo que había en mi mente era el recuerdo de la caída del billete en la cesta, que se repetía como un video en mi cabeza en cámara lenta, y el arrepentimiento de haberme dejado llevar por aquella voz. Además, ¿cómo le iba a contestar a mi papá, si un día me preguntaba por aquel famoso "billete sagrado"? ¿Qué respuesta podía ser suficientemente convincente para hacerle entender que tuve que hacerlo porque aquella voz no me dejaba en paz?

El servicio se terminó, y el muchacho que me invitó, me llegó a buscar, y por supuesto que la primera pregunta que me hizo fue:

"¿Qué te pareció el servicio?". Sinceramente no tenía respuesta. Yo todavía estaba confundido, y al mismo tiempo ocupado, elaborando la respuesta a la pregunta que, según yo, un día le tendría que responder a mi papá. Así es que todo lo que pude decir fueron las palabras: "Interesante". "Bien".

Pasaron unos días y aquel muchacho me volvió a contactar. Al principio me mostré bastante indiferente, e incluso un poco incómodo con aquel acercamiento, pero todo cambió cuando me preguntó:

"¿Te interesaría trabajar en la empresa donde yo estoy trabajando?". "Por supuesto que sí", le contesté. Así es que llegó a recogerme y me llevó a entrevistarme con la dueña de la empresa donde él trabajaba. Luego de una conversación bastante corta respecto a lo que requería mi posición en aquel negocio, ella me preguntó: "¿Tiene usted vehículo?". Yo le contesté: "No, no tengo". Ella me dijo: "Pero, usted va a necesitar un carro para trabajar aquí. ¿Le gustaría conducir un carro nuevo?". Me quedé

Introducción

perplejo, no sabía cómo, ni qué contestar. Y después de un tiempo de silencio de mi parte, en el que estaba tratando de asimilar lo que acababa de escuchar, le dije: "Pero… yo no tengo crédito todavía". Y ella me contestó: "Yo no le pregunté si tiene crédito, mi pregunta fue que si quiere manejar un carro nuevo".

Entonces mi respuesta, en la cual no pude ocultar mi estado emocional de asombro y sorpresa, fue: "Sí, sí quiero".

En aquel momento tomó su cartera, me invitó a subirme en su vehículo y fuimos al concesionario Honda. Allí me mostró un Honda Civic exactamente igual al que manejaba el amigo que me había llevado a la iglesia. Y me dijo: "¿Le gusta ese?". Yo le contesté, aun sin salir de mi asombro: "Sí, está bonito". Y ella me invitó a manejar el carro y probarlo. Cuando terminé de hacer la prueba, y aún con el corazón acelerado, le dije: "Me gusta". Entonces ella me dijo: "Lo voy a comprar para usted. Voy a pagar los primeros seis meses y el seguro

del auto, y luego usted lo sigue pagando. ¿De acuerdo?".
Y yo le dije: "Sí, de acuerdo".

Así, salí de aquel concesionario ese mismo día, conduciendo un carro nuevo. Aún recuerdo el momento en que le terminé de sacar todos los plásticos de los asientos y empecé a conducirlo. En ese instante volvió de nuevo a mi mente aquella voz a decirme las mismas palabras: *"Tú sabes que si le das a Dios, Él te puede dar un carro"*. Inmediatamente, empecé a llorar, casi sin saber la razón por cual lloraba. En primer lugar, me sentí indigno de aquel "gesto divino"; era como si Dios me estuviera diciendo cuánto me amaba. Además, mi corazón palpitaba muy rápido porque algo estaba sucediendo en mi mundo interno. En aquel momento no sabía descifrarlo, pero sí sabía que mi vida jamás volvería a ser la misma. No tenía el entendimiento claro de lo que me estaba ocurriendo, pero de algún modo sabía que acababa de encontrarme una de las verdades más poderosas. Fue algo que terminó moldeando mi

Introducción

destino para siempre, y esa verdad es: "A Dios siempre hay que darle el primer lugar".

Desde ese día mi vida cambió drásticamente. Esa fue mi primera ofrenda, mis primicias. En el momento no lo vi, ni lo entendí así, pero con el tiempo cobró sentido. Han pasado muchos años desde ese evento. Yo continué asistiendo a la iglesia y a ese mismo lugar. Después de un tiempo, Dios trajo a Noemí, la joven que llegó a ser mi esposa, a quien amo profundamente. Allí también se presentaron nuestros dos hijos, allí fui ordenado al ministerio, allí se levantó el escritor de libros y allí nació el conferencista a las naciones, que hoy es conocido como Pastor YES.

Aunque ha pasado mucho tiempo, todavía recuerdo y me da vergüenza saber que era tan torpe mi manera de pensar en cuanto a "darle a Dios", porque llegué a creer que me estaban "sacando el dinero". Aún más vergüenza me da el hecho de que, en mi ignorancia, la motivación para dar haya sido querer llegar a tener un carro. Yo no me imaginaba la dimensión del impacto que tenían las primicias y la respuesta divina ante tal gesto. No sabía que el que iba a salir ganando era yo, porque no fue solo un carro lo que Dios me dio, sino muchísimo más que eso.

Todo aquello fue como un estallido de conocimiento en mi mente, porque ahora se me hacía fácil comprender que ==lo que Dios busca en un ser humano es recuperar el primer lugar en su vida==. Después de todo, ¿qué otra cosa le podemos ofrecer a Alguien que ya es el dueño de todo lo que existe? No solamente eso, sino que es el creador de todo. ¿Qué puedo yo hacer para impresionar a alguien que ya lo sabe todo? Mi única opción, y es precisamente lo que Él busca, es que yo le devuelva lo que siempre le ha pertenecido: el primer lugar en todo. De eso se trata este libro. Quiero compartir contigo, amado lector, lo que he aprendido respecto a este tema tan crucial: *El poder de las primicias*, lo que puede generar un gesto de honra tan importante para Dios.

1

LAS PRIMICIAS

Cuando leemos la Biblia encontramos muchas historias registradas. Sin embargo, notaremos que no es un libro de historias solamente. También encontramos excelentes consejos, pero muy pronto nos daremos cuenta que la Biblia tampoco es solamente un libro de buenos consejos. La Biblia es, principalmente, *El Libro* que nos lleva a conocer a Dios a través de Sus consejos, Sus historias y Sus mandamientos. Si hay algo de lo que estoy seguro, es que si en La Biblia hubiese solamente un mandamiento sería la ley de las primicias. Cuando a Jesús le preguntaron cuál era el mandamiento más importante, sin vacilar contestó así:

*Jesús le respondió: El primer mandamiento de todos es: Oye, Israel; el Señor nuestro Dios, **el Señor uno es**. Y amarás al Señor tu Dios con todo tu corazón, y con toda tu alma, y con toda tu mente y con todas tus fuerzas. Este es el principal mandamiento.* (Marcos 12:29-30)

En su respuesta, Jesús nos está hablando de la ley de las primicias. Nos está diciendo que Dios es "número uno". Es decir, es lo más importante y lo principal en todo. El Señor Jesucristo nos dice que esta ordenanza está sobre todos los principios, por encima de todas las leyes y encabeza todos los mandamientos. La ordenanza es *"reconocer que Dios es número uno y por eso hay que amarlo con todo"*.

Él es lo primero y El Primero. De Él proviene todo. Él es el Padre por excelencia. El dador de la vida, nuestro

Creador y Hacedor de todo lo que existe. Por eso La Biblia le llama "El Altísimo", que significa: superior, inigualable, nada puede estar sobre o por encima de Él. Por eso la ley de las primicias no solo es importante, sino que es la más importante, porque su enfoque es únicamente reconocer a Dios como lo primero en nuestra vida y El merecedor de la honra principal.

Todas las leyes y mandamientos que hay en La Biblia son importantes. Pero lo que los hace diferentes a la ley de las primicias es que estos mandatos, en la mayoría de los casos, tienen como meta guardarnos del mal, mantener saludables nuestros cuerpos y ayudarnos a tener relaciones robustas con el prójimo. También nos ayudan a garantizar un crecimiento sólido en nuestra vida espiritual, organizar nuestro mundo emocional, construir familias felices

> **LA LEY DE LAS PRIMICIAS ESTABLECE A DIOS COMO LO PRIMERO Y LO MÁS IMPORTANTE DE NUESTRAS VIDAS.**

y estables, y promover un poderoso éxito financiero). Por supuesto que con esto no le restamos la importancia que tiene cada uno de estos mandatos, pero queremos resaltar que la ley de las primicias se hace distinta porque su centro no es meramente un beneficio a nosotros como hijos de Dios (aunque lo tiene), sino más bien presenta el enfoque superlativo de honrar a Dios como Él lo merece. La ley de las primicias establece a Dios como lo primero y lo más importante de nuestras vidas.

LA NECESIDAD DE UNA LEY

Esta ley se registra por primera vez en La Biblia cuando los judíos salen de Egipto, después de haber estado esclavizados allí por más de cuatrocientos años. La historia relata que Moisés llegó a Egipto, por instrucción divina, para entrevistarse con Faraón y pedirle que dejara en libertad al pueblo de Israel. La respuesta que consigue es sorprendente. La Biblia dice:

LAS PRIMICIAS

Después Moisés y Aarón entraron a la presencia de Faraón y le dijeron: "Jehová el Dios de Israel dice así: Deja ir a mi pueblo a celebrarme fiesta en el desierto. Y Faraón respondió: ¿Quién es Jehová, para que yo oiga su voz y deje ir a Israel? Yo no conozco a Jehová, ni tampoco dejaré ir a Israel."
(Éxodo 5:1-2)

Faraón no solo se opone al proyecto de que Israel sea liberado, sino que además dice que *"no conoce a Dios"*. Tomemos en cuenta que los egipcios temían a los judíos porque estos últimos se multiplicaron grandemente y llegaron a ser muchos en la tierra (ver Éxodo 1:12). Sin embargo, a pesar de ser tantos, no lograron dar a conocer al Dios de ellos. Su crecimiento era notorio, pero su espiritualidad se volvió irrelevante. Prosperaban, pero no daban a conocer a su Dios. Las personas hablaban de ellos, pero nunca conocieron al Dios de ellos.

Este fenómeno es conocido en nuestra lengua actual como materialismo, el cual pretende un crecimiento en lo material, alejado de Dios y Sus principios. Esto es algo bastante común en nuestra sociedad moderna, la cual se enfoca en crecer a cualquier costo. Muchas veces se abandonan los hábitos espirituales tan importantes como asistir a la iglesia, leer La Biblia, hablarle a alguien de Dios, o algo tan sencillo como orar por los alimentos. La espiritualidad no está muy de moda hoy en día, y a veces sucede que si se ve a alguien practicándola en público, esa persona llega a ser considerada anticuada. Si por alguna razón alguien la promueve públicamente, podría llegar a ser calificado como intolerante.

Moisés llegó a Egipto con un mensaje de parte de Dios para sacar a los judíos de la esclavitud a la que estaban sometidos, y en aquel tiempo ellos estaban experimentando un letargo espiritual muy severo. Su Dios no era conocido, y la razón es sencilla de apreciar: Él no era lo primero ni lo más importante para ellos. Había tiempo para todo, menos para Dios. Crecieron, se hicieron grandes, provocaron temor, aumentaron en números, y se llenó de ellos la tierra, pero el Dios de ellos no llegó a ser conocido (ver Éxodo 1:7). Es así como surge la necesidad de establecer la ley de las primicias en el desierto, porque —como hemos venido enseñando— esta ley persigue que cada ser humano coloque a Dios, en su propia vida, como lo primero y lo más importante.

Para abrir las puertas

Faraón se opuso rotundamente a dejar ir a los hijos de Israel, por lo cual Dios tuvo que enviar plagas de forma milagrosa para conseguir que este enemigo mortal de los judíos cambiara de opinión. A continuación, la lista de las 10 plagas de Egipto:

1. La plaga de sangre (Éxodo 7:14-24)
2. La plaga de ranas (Éxodo 8:1-15)
3. La plaga de piojos (Éxodo 8:16-19)
4. La plaga de moscas (Éxodo 8:20-32)
5. La plaga en el ganado (Éxodo 9:1-7)
6. La plaga de úlceras (Éxodo 9:8-12)

7. La plaga de granizo y fuego (Éxodo 9:13-35)
8. La plaga de langostas (Éxodo 10:1-20)
9. La plaga de tinieblas (Éxodo 10:21-29)
10. La muerte de los primogénitos (Éxodo 11:1-10; 12:29-36)

Tenemos que resaltar el hecho de que ninguna de las primeras nueve plagas hizo cambiar de opinión a Faraón, sino hasta que sucedió la número diez. Y hay detalles muy sobresalientes, en esta última plaga, que nos regalan lecciones muy valiosas que están directamente conectadas con el tema que estamos tratando, que es *El poder de las primicias*.

La primera lección que podemos observar es que, justo antes de desatarse la última plaga, Dios les hizo una petición a los judíos. Les dijo que debían sacrificar un cordero de un año, y de la sangre de aquel animal debían poner sobre los postes de las puertas de las casas. Lo que hace que este dato sea tan importante para nuestro tema es el hecho de que aquel sacrificio debía hacerse en un día específico, el cual marcaba el primer mes del año para los judíos. Dios quería que aquel año comenzara con una ofrenda especial, que era un cordero de un año, que representa la primicia. En su infinita sabiduría, Dios quería dejar registrada la manera de comenzar un año de libertad y puertas abiertas. Es a partir de ese momento que Dios desata la última plaga, que fue la que hizo cambiar el corazón de Faraón.

Aquí se puede observar que lo que no pudo lograr la plaga de las ranas, ni la de los piojos, ni la de las moscas, ni la del granizo, ni ninguna de las otras

> **HAY PUERTAS QUE SOLO SERÁN ABIERTAS DESPUÉS DE QUE LAS PRIMICIAS SEAN ENTREGADAS.**

plagas, al final lo logró la entrega de aquella primicia al comienzo del año. Cuando sacrificaron el cordero se abrió la puerta y todo cambió. ¿Puedes ver, estimado lector, la poderosa lección que se nos entrega a través de aquel sacrificio? Hay puertas que solo serán abiertas después de que las primicias sean entregadas.

> **LO QUE OCURRE CON LAS PRIMICIAS AFECTA DIRECTAMENTE LO QUE VA A OCURRIR CON EL RESTO.**

La segunda lección de aquella última plaga es que se trataba de la muerte de todo primogénito de Egipto, tanto de animales como de los seres humanos de aquella nación. Y fue de la siguiente manera: donde se encontraba la señal de la sangre pintada en las puertas, no habría muerte. En cualquier lugar donde no hubiera señal de la sangre, debía morir el primogénito. Fue así como aquella misma noche, cuando los judíos sacrificaron el cordero y pusieron la señal de la sangre en las puertas, en las casas donde no estaba la señal de la sangre murieron todos los primogénitos de Egipto, tanto de hombres como de animales. Recordemos que la sangre pertenecía a las primicias que habían ofrecido los hijos de Dios. Eso significa que las primicias tienen el poder de establecer un cerco de protección sobre nuestras familias y guardarnos de todo mal.

La tercera lección es que, en un acto también milagroso, murió Faraón y todo su ejército cuando decidieron perseguir a los judíos para evitar que se fueran. Como consecuencia, sucumbió el reino egipcio y nunca más volvió a levantarse como la nación súper poderosa que había sido hasta antes de aquel evento. Curiosamente, cuando las primicias de Egipto fueron tocadas por Dios, el efecto llegó a Faraón, a su ejército y a toda la nación. Porque lo que ocurre con las primicias afecta directamente lo que va a ocurrir con el resto. El Apóstol Pablo, inspirado por esta revelación, escribió lo siguiente:

Si las primicias son santas, también lo es la masa restante; y si la raíz es santa, también lo son las ramas. (Romanos 11:16)

Nada se escapa a este poderoso principio. Cuando las primicias van en una dirección, eso afectará, de forma específica, la dirección en la que irá el resto. El imperio egipcio se extinguió al desaparecer las primicias de la nación. Por otro lado, cuando las primicias de los judíos fueron ofrecidas y ellos pusieron su evidencia en la puerta de sus casas (porque ahora sí querían dar a conocer a Dios como su prioridad), eso marcó el fin de varios siglos de esclavitud y el comienzo de una temporada de libertad.

Ese es el poder de las primicias. Establecen a Dios en primer lugar y, como consecuencia, eso desata bendición y libertad a cualquiera que lo practica.

APARECE LA LEY

Una vez que las puertas se abrieron, los judíos salen de Egipto, y comienzan una travesía que los llevaría a la tierra prometida. Ahora trasladémonos a la escena por un momento. Estas personas han estado cautivas por cuatrocientos treinta años, viviendo como esclavos, en condiciones muy precarias, encerrados dentro de murallas impenetrables, viviendo maltrato y opresión todos los días. Fueron obligados a trabajar bajo condiciones míseras e infrahumanas.

Pero llegó el tiempo; tienen las puertas abiertas y es hora de salir de Egipto. Cuando ellos están saliendo, los egipcios les ponen en las manos sus vestidos y sus alhajas. Todo el oro y la plata que habían acumulado se lo entregaron a los hijos de Israel en el día de la salida. Así es que la algarabía es grande, porque no solamente están saliendo de aquella condición, que demoró más de cuatro siglos, sino que no se van con las manos vacías. En aquel mismo instante, el día de la salida, cuando la celebración está en su momento cúspide, Dios abre su boca para dar una sola instrucción. Veamos el relato bíblico:

> *Y en **aquel mismo día** sacó Jehová a los hijos de Israel de la tierra de Egipto por sus ejércitos. Jehová habló a Moisés, diciendo: Conságrame*

*todo primogénito. Cualquiera que abre matriz entre los hijos de Israel, así de los hombres como de los animales, mío es. Y Moisés dijo al pueblo: **Tened memoria de este día**, en el cual habéis salido de Egipto, de la casa de servidumbre, pues Jehová os ha sacado de aquí con mano fuerte; por tanto, no comeréis leudado.* (Éxodo 12:51-13:3)

¡Esto es sumamente impresionante! "Aquel mismo día" Dios interrumpe aquella gran celebración, para darles una sola instrucción. Están saliendo de Egipto, se acaban de terminar más de cuatrocientos años de esclavitud; en ese momento todo es fiesta y algarabía. Este es apenas el día número uno de la salida, y es cuando Dios decide hablarles y darles una sola ordenanza. El mandato es: ***Consagren para mí las primicias.***

LAS PRIMICIAS NO PUEDEN ESPERAR

Si le echamos un vistazo al libro de Éxodo, observaremos que hubo varias estaciones donde Dios les dio mandamientos a los judíos durante aquella travesía hacia la tierra prometida. Uno de esos momentos fue después de cruzar el Mar Rojo, al arribar a las aguas de Mara, donde se les dan estatutos y ordenanzas. Otro es el más sobresaliente de todos, cuando llegaron al Monte Sinaí, donde se les dieron los diez mandamientos. Todo esto nos lleva a preguntarnos: ¿Por qué no esperó Dios a darles el mandamiento de las primicias en una de esas ocasiones? ¿Por qué había que interrumpir un momento tan importante, como la salida de Egipto? Y una pregunta más: ¿Por qué el primer día?

Primero lo primero

Si Dios hubiese consultado a una firma de mercadeo antes de entregar ese mandamiento, seguramente le hubieran aconsejado que esperara un poco. Después de todo, este era un momento para celebrar. O si quizá hubiese consultado a una compañía de psicólogos, estos hubieran sugerido que sería mejor ubicar un momento más oportuno, quizá después de que vieran abrirse el Mar Rojo, o tal vez a mitad de la travesía, después de que vieran maná caer del cielo y una roca dar agua. Pero Dios no se hace esperar, y aquel mismo día número uno les entrega la orden, y la pregunta es: ¿Por qué tan pronto?

La respuesta la encontramos en lo que se escribió unas páginas atrás. Cuando Dios no era una prioridad para ellos, el crecimiento y el progreso los llevó a la esclavitud, y esta vez el Señor quería evitar que se cometiera el mismo error. La única manera era estableciendo desde el mismo principio el único mandamiento que le otorga a Dios el primer lugar en nuestra vida, y es consagrar las primicias para Él.

Cuando Adán fue puesto en la tierra, Dios le entregó mandamientos con la misma intención de que el hombre respetara la preminencia del Señor en su vida. Por eso Dios no le permitió al hombre tocar el primer árbol. La Biblia dice:

LAS PRIMICIAS

Tomó, pues, Jehová Dios al hombre, y lo puso en el huerto de Edén, para que lo labrara y lo guardase. Y mandó Jehová Dios al hombre, diciendo: De todo árbol del huerto podrás comer; mas del árbol de la ciencia del bien y del mal no comerás; porque el día que de él comieres, ciertamente morirás. (Génesis 2:15-17)

Ese árbol representaba las primicias; por eso el hombre no lo podía tocar. No era un asunto dietético, sino más bien un asunto de prioridades y derechos. El primer árbol le pertenecía a Dios y luego todo lo demás le pertenecía al hombre. Mientras el hombre respetaba lo primero, Dios garantizaba que todo lo demás se mantuviera bien. Todo funcionó así de bien al principio. El hombre comía sin enfermarse; la familia vivía en paz y en armonía; la tierra se mantenía productiva; el ecosistema proveía un ambiente saludable, la familia gozaba de una prosperidad exorbitante, no había dolor, ni tristeza; y por si esto fuera poco, Adán y Eva eran los señores de toda la tierra.

Devolver a Dios el primer lugar

Cuando Adán pecó, lo hizo tocando las primicias. Por decirlo de una manera más abierta, al hacerlo desplazó a Dios de Su posición, y se implantó a sí mismo, dándole prioridad a su ego, sus prioridades, sus inclinaciones y sus gustos antes que la voluntad de Dios. Lo trascendental de aquel evento es que, a partir de Adán, el pecado fue traspasado a toda la raza humana, y ahora de forma automática todos nosotros, al nacer, venimos con esa inclinación natural a ser egoístas y egocentristas. Esta es la razón por la que Dios tuvo que ponerle una pausa a aquella travesía que recién comenzaba. En el momento que los israelitas están saliendo de Egipto, Dios decidió hablarles sobre el tema de las primicias. Haberlo hecho después no tenía sentido, porque al igual que con Adán, se les dio la instrucción más importante desde el principio, y todo lo que persigue esta ley es garantizar que Dios ocupe el primer lugar para que todo lo demás salga bien.

LAS PRIMICIAS IMPLICABAN BÁSICAMENTE 5 PUNTOS:

1. Las primicias no podían ser cualquier cosa, tenían que ser lo primero y lo más valioso.

   *Jehová habló a Moisés, diciendo: **Conságrame** todo primogénito. Cualquiera que abre matriz entre los hijos de Israel, así de los hombres como de los animales, mío es.* (Éxodo 13:1-2)

2. Las primicias había que traerlas al principio y sin demora.

   No demorarás la primicia de tu cosecha ni de tu lagar. Me darás el primogénito de tus hijos. Lo mismo harás con el de tu buey y de tu oveja; siete días estará con su madre, y al octavo día me lo darás. (Éxodo 22:29-30)

3. Las primicias había que traerlas a la casa de Dios.

   Las primicias de los primeros frutos de tu tierra traerás a la casa de Jehová tu Dios. No guisarás el cabrito en la leche de su madre. (Éxodo 23:19)

4. Las primicias había que traerlas con alegría y hacer una fiesta.

   También celebrarás la fiesta de las semanas, la de las primicias de la siega del trigo, y la fiesta de la cosecha a la salida del año. (Éxodo 34:22)

5. Las primicias afirman el temor de Dios en Sus hijos.

   Y comerás delante de Jehová tu Dios en el lugar que él escogiere para poner allí su nombre, el diezmo de tu grano, de tu vino y de tu aceite, y las primicias de tus manadas y de tus ganados, para que aprendas a temer a Jehová tú Dios todos los días. (Deuteronomio 14:23)

2

Activar la bendición

Y las primicias de todos los primeros frutos de todo, y toda ofrenda de todo lo que se presente de todas vuestras ofrendas, serán de los sacerdotes; asimismo daréis al sacerdote las primicias de todas vuestras masas, para que repose la bendición en vuestras casas. (Ezequiel 44:30)

Antiguamente la frase *"Dios te bendiga"* tenía un valor muy grande; muy diferente al valor que se le asigna hoy en día en una sociedad muy apática a lo espiritual y a los principios divinos. En los tiempos bíblicos, los hijos estaban dispuestos "a todo" con tal de conseguir que su padre, o su cobertura espiritual, los bendijera. Viajaban de un lugar a otro, recorrían largas distancias, se peleaban entre hermanos, inventaban historias, se disfrazaban y hasta eran capaces de romper todas las reglas con tal de conseguir un *"Dios te bendiga, hijo mío"* de parte de sus padres. Aquella ceremonia de bendición no era algo que podía pasar inadvertido, porque aquellas palabras que se decretaban durante aquel solemne momento tenían un alto valor y mucho peso para quien las estaba recibiendo. Se tomaba muy en serio, tanto al tutor que estaba haciendo el decreto, como las promesas que dicha declaración contenía.

Por eso estaban dispuestos a todo los que recibían la bendición. Se tomaban a pecho el discurso porque tenían fe en lo que Dios había establecido en Su Palabra:

Jehová habló a Moisés, diciendo: Habla a Aarón y a sus hijos y diles: Así bendeciréis a los hijos de

> *Israel, diciéndoles: Jehová te bendiga, y te guarde; Jehová haga resplandecer su rostro sobre ti, y tenga de ti misericordia; Jehová alce sobre ti su rostro, y ponga en ti paz.* ***Y pondrán mi nombre sobre los hijos de Israel, y yo los bendeciré.*** (Números 6:22-27)

Los hijos tenían bien claro lo que La Biblia establece: que Dios derramaba Su bendición sobre alguien si primero su cobertura lo "decretaba". Dios es Soberano y tiene toda autoridad, pero nunca pasa por encima de las autoridades que Él mismo ha establecido. Siempre hace falta un Abraham para activar y bendecir a un Isaac. Se necesita un Isaac para activar y bendecir a un Jacob. Se necesita un Jacob para activar y bendecir a un José. También se necesita un David para activar y bendecir a un Salomón y hace falta un Pablo para activar y bendecir a un Timoteo.

Es Dios quien establece el liderazgo, porque nadie escoge a sus papás al nacer, sino que Dios en Su infinita sabiduría es quien elige en el seno de qué hogar nacerá cada niño. Por esa razón, cuando Dios levanta a un líder, le da autoridad sobre todo aquel que está bajo su gobierno. Tomemos como ejemplo el caso de Egipto. Aquella nación tuvo sometidos a la esclavitud a los hijos de Israel por más de cuatrocientos años, hasta que un día Dios decide libertarlos y envía a Su siervo Moisés con el siguiente mensaje: *"Dile a Faraón que deje ir a Mi pueblo"*. Dios no estaba dispuesto a sacar a los israelitas de Egipto "sin la debida autorización de Faraón".

Antes de que salieran, primero Faraón, quien era la autoridad en Egipto, debía dar el permiso y dejarlos salir. La historia cuenta que Faraón endureció su corazón y no quiso dejar salir a los judíos. Entonces Dios mandó "plagas" que castigaran a Faraón y a todos los egipcios por la respuesta negativa, y no fue hasta después de la décima plaga que Faraón finalmente dio su autorización y su permiso. Solo así salieron los hijos de Israel de aquella nación. Lo que queremos resaltar de esta historia es que Dios no pasó por encima de la autoridad para cumplir su promesa de llevar a los judíos a la tierra de la bendición, como no lo hace hoy tampoco. Y así es como funciona la bendición: una autoridad (o cobertura) debe desatarla, para que Dios pueda manifestarla.

DE ESTO APRENDEMOS 5 LECCIONES IMPORTANTES:

1. La bendición es para todos, pero solo los que permanecen bajo cobertura la disfrutan.

2. Mostrar respeto a las autoridades establecidas por Dios es la clave para vivir una vida bajo la bendición.

3. La obediencia a Dios y Sus principios activa y manifiesta de forma certera la bendición de Dios sobre nosotros.

4. Nosotros no elegimos ser bendecidos; eso ya está dado desde el cielo. Lo que sí elegimos es

permanecer bajo cobertura para que Dios pueda manifestar la bendición que nuestra cobertura desata.

5. Dios establece autoridades, y les concede el poder de desatar bendición sobre su descendencia, sus discípulos, su linaje y generaciones. Él está dispuesto a honrar los decretos que esta autoridad hable sobre ellos.

LA LLAVE QUE ACTIVA LA BENDICIÓN

La bendición, como todas las demás promesas en la Biblia, está conectada a un "principio". Es decir, no importa cuánto alguien pueda desearla, su manifestación, a través de toda la Biblia, está vinculada al superlativo principio de la obediencia. Es esencial que entendamos esto, porque no es solamente pedir la bendición, sino que además debemos usar la llave que nos lleva a alcanzarla. La Biblia relata la historia de Esaú, quien nació con todo a su favor para obtener la bendición, porque era amado profundamente por su papá (quien deseaba bendecirlo). Era el escogido para recibirla por haber nacido primero. Sin embargo, por no seguir lo establecido perdió el derecho a obtenerla, aunque luego lloró procurándola. La Biblia dice:

> *(…) como Esaú, quien por un solo plato de comida vendió sus derechos de hijo mayor. Después, como ya saben, cuando quiso heredar esa bendición, fue rechazado: No se le dio lugar para el arrepentimiento, aunque con lágrimas buscó la bendición.* (Hebreos 12:16b-17, NVI)

Esto nos confirma que solo el hecho de desear alcanzar la bendición no es suficiente, aunque es un buen comienzo. El deseo debe ser seguido por el uso de la llave que Dios estableció para darnos acceso a ser bendecidos que es la obediencia. Así lo establece La Biblia:

> *Estas bendiciones tuve porque guardé tus mandamientos.* (Salmos 119:56)

Acontecerá que si oyeres atentamente la voz de Jehová tu Dios, para guardar y poner por obra todos sus mandamientos que yo te prescribo hoy, también Jehová tu Dios te exaltará sobre todas las naciones de la tierra. Y vendrán sobre ti todas estas bendiciones, y te alcanzarán, si oyeres la voz de Jehová tu Dios. (Deuteronomio 28:1-2)

Y por haber oído estos decretos y haberlos guardado y puesto por obra, Jehová tu Dios guardará contigo el pacto y la misericordia que juró a tus padres. Y te amará, te bendecirá y te multiplicará, y bendecirá el fruto de tu vientre y el fruto de tu tierra, tu grano, tu mosto, tu aceite, la cría de tus vacas, y los rebaños de tus ovejas, en la tierra que juró a tus padres que te daría. Bendito serás más que todos los pueblos; no habrá en ti varón ni hembra estéril, ni en tus ganados. (Deuteronomio 7:12-14)

Así como estos versículos, hay una extensa lista en las Escrituras que nos demuestran que la bendición está directamente vinculada a la obediencia. Dios fue quien bendijo a Adán, y mientras este obedeció lo establecido, todo lo que representa la bendición se manifestó en su vida. Lo mismo pasó con Salomón. Mientras él le dio a Dios la prioridad en su vida, pudo gozar de todos los beneficios que conlleva vivir bajo la bendición de Dios.

Otro ejemplo sobresaliente es el de la familia de Los Recabitas. Su historia está registrada en el libro del profeta Jeremías en el capítulo 35. Esta familia gozaba de todos los beneficios que la bendición trae a pesar de que no hay registro bíblico de que ellos hubiesen pedido en algún momento ser bendecidos. Pero por ser personas sumamente obedientes, aun llegaron a ser escogidos por Dios mismo, para que estuvieran en Su presencia. La Biblia dice:

Por tanto, así ha dicho Jehová de los ejércitos, Dios de Israel: No faltará de Jonadab hijo de Recab

un varón que esté en mi presencia todos los días.
(Jeremías 35:19)

Obedecer con primicias

La obediencia a Dios debe ser en todas las áreas, y a toda Su Palabra. Pero uno de los mandatos más importantes que nos da la Biblia es la práctica de la ley de las primicias. La razón por la que decimos que esta es una de las leyes más importantes, es porque es la ordenanza que más vinculada está con el principio de cederle a Dios siempre el primer lugar.

Primicias no es tan solo una ofrenda o una donación para ayudar a un ministerio, aunque por supuesto que cumple también esa función. Primicias tampoco tiene nada que ver con dinero, ni mucho menos con recaudación de fondos para algún programa religioso, sino que la intención original de la ley de las primicias es honrar a Dios como lo primero y lo más importante en nuestras vidas. La Biblia dice:

Las primicias de los primeros frutos de tu tierra traerás a la casa de Jehová tu Dios… (Éxodo 23:19)

También nos dice la Biblia:

Jehová habló a Moisés, diciendo: **Conságrame** *todo primogénito. Cualquiera que abre matriz entre los hijos de Israel, así de los hombres como de los animales, mío es.* (Éxodo 13:1-2)

Es precisamente esa la razón por la que Dios quiso vincular la ley de las primicias con la bendición. Cuando se le

> **SI LE DAMOS A DIOS LO QUE LE PERTENECE, ÉL NOS DA ACCESO A LO QUE NOS CORRESPONDE.**

honra a Él, cediéndole el primer lugar, entregándole lo primero y lo mejor de todo, Su bendición no se hace esperar y es manifestada en nuestras vidas. Como hemos estado aprendiendo a través de todo este libro, si le damos a Dios lo que le pertenece, Él nos da acceso a lo que nos corresponde. No se trata de un intercambio, o de una transacción comercial, sino del camino que Dios estableció para volver a poner en nuestras manos lo que perdió Adán en el Edén. Cada vez que obedecemos a Dios dándole a Él la prioridad en todo, Su bendición nos alcanza y se manifiestan Sus beneficios. La Biblia dice:

> *Y las primicias de todos los primeros frutos de todo, y toda ofrenda de todo lo que se presente de todas vuestras ofrendas, será de los sacerdotes; asimismo daréis al sacerdote las primicias de todas vuestras masas, para que repose la bendición en vuestras casas.* (Ezequiel 44:30)

El ejemplo de Abraham

Desde que Dios escogió a Abraham y lo llamó, la meta fue siempre la misma: bendecirlo y multiplicarlo. Tomemos en cuenta que en el momento del llamado Abraham ya está casado con Sara, pero no tienen hijos, y ya son de edad muy avanzada. Dios, para mantenerse en el patrón establecido, le da instrucciones a Abraham que deberían ser obedecidas para que la bendición pudiera llegar y manifestarse sobre su vida. La Biblia dice:

Pero Jehová había dicho a Abram: Vete de tu tierra y de tu parentela, y de la casa de tu padre, a la tierra que te mostraré. Y haré de ti una nación grande, y te bendeciré, y engrandeceré tu nombre, y serás bendición. Bendeciré a los que te bendijeren, y a los que te maldijeren maldeciré; y serán benditas en ti todas las familias de la tierra. (Génesis 12:1-3)

Un vistazo minucioso a la historia de Abraham nos enseña que su obediencia no fue cien por ciento completa en primera instancia, sino que fue parcial, porque la instrucción tenía cuatro facetas:

- La primera: *"vete de tu tierra"*
- La segunda: *"vete de tu parentela"*
- La tercera: *"vete de la casa de tu padre"*

- Y la cuarta: *"vete a la tierra que te mostraré"*

Abraham cumplió con la primera instrucción porque, efectivamente, se fue de Ur de los caldeos, que era donde había nacido y estado toda su vida. Pero las otras tres no se habían cumplido al pie de la letra porque su sobrino Lot le acompañaba y también su padre Taré venía con él. Además, se quedaron en Harán, que está ubicada a la mitad del camino entre Ur y Canaán. El punto que estamos subrayando es que, aunque Abraham no había cumplido a cabalidad las instrucciones que Dios le había dado, sin embargo, esperaba que Dios lo bendijera y que cumpliera con la promesa de darle descendencia. La Biblia dice:

> *Y respondió Abram: Señor Jehová, ¿qué me darás, siendo así que ando sin hijo, y el mayordomo de mi casa es ese damasceno Eliezer? Dijo también Abram: Mira que no me has dado prole, y he aquí que será mi heredero un esclavo nacido en mi casa.* (Génesis 15:2–3)

Obediencia completa

En tierra de Harán, a mitad de camino de donde Dios quería llevarlo, murió el papá de Abraham, el señor Taré, a la edad de doscientos cinco años, y aunque fue un duro momento para Abraham, esto lo colocaba más cerca de la obediencia completa a las instrucciones que había recibido de Dios.

> ÉL NUNCA DESECHA A LAS PERSONAS QUE, AUN CON SUS ERRORES, SE MANTIENEN MOVIÉNDOSE HACIA DELANTE.

Después de la muerte de Taré, su padre, Abraham emprendió su camino y llegó hasta Canaán, que era la tierra donde Dios lo quería llevar, pero Lot todavía estaba acompañándole. Pasó un tiempo y vino una época de gran hambre a la tierra y Abraham descendió a Egipto por unos días. Luego volvió a Canaán donde se vio forzado a separarse de Lot, porque el lugar donde habitaban no era suficientemente amplio para el ganado de ambos. Y fue así como por fin Abraham cumplió con todas las instrucciones.

Una de las cosas que más me gusta de Dios es que Él nunca desecha a las personas que, aun con sus errores, se mantienen moviéndose hacia delante. Su infinito amor por nosotros no le permite renunciar a la fe de que llegaremos a ser cien por ciento obedientes con el tiempo, para que se manifieste todo lo que La Biblia nos promete.

Una vez que Abraham había completado todas las instrucciones, Dios se le apareció para reiterar nuevamente Su promesa. La Biblia dice:

> *Y Jehová dijo a Abram, después que Lot se apartó de él: Alza ahora tus ojos, y mira desde el lugar donde estás hacia el norte y el sur, y al oriente y al occidente. Porque toda la tierra que ves, la daré a ti y a tu descendencia para siempre. Y haré tu descendencia como el polvo de la tierra; que si alguno*

puede contar el polvo de la tierra, también tu descendencia será contada. (Génesis 13:14-16)

Es curioso, pero no hay registros de que Dios haya vuelto a hablar con Abraham después de darle las instrucciones iniciales que aparecen en el capítulo doce. Aunque encontramos a Abraham levantando altares y moviéndose en la dirección que Dios quería, el Señor no vuelve a entrar en escena hasta que Abraham cumple con obedecer las primeras instrucciones recibidas. Es que la obediencia a medias no atrae el corazón de Dios, pero la obediencia completa es una llave sumamente eficaz en el reino de los cielos. Cada vez que alguien obedece a Dios envía un mensaje al mundo entero:

> CADA VEZ QUE ALGUIEN OBEDECE A DIOS ENVÍA UN MENSAJE AL MUNDO ENTERO.

1. La obediencia es un mensaje de humildad, porque el que obedece acepta someterse a una Voluntad superior.

2. La obediencia es un mensaje de fe, porque el que obedece no teme elegir a Dios antes que sus instintos.
3. La obediencia es un mensaje de amor, porque el que obedece está sacrificando su propia voluntad.
4. La obediencia es un mensaje de adoración, porque el que obedece está poniendo a Dios en primer lugar.
5. La obediencia es un mensaje de sabiduría, porque el que obedece está ordenando sus prioridades de acuerdo con el corazón de Dios.
6. La obediencia es un mensaje de lealtad, porque el que obedece está demostrando que cumple lo que prometió a Dios.
7. La obediencia es un mensaje de entrega, porque el que obedece está demostrando que nunca dejará a Dios.

8. La obediencia es un mensaje de perseverancia, porque el que obedece está demostrando que su compromiso sigue en pie.
9. La obediencia es un mensaje de paz, porque el que obedece sabe que le irá bien haciendo la voluntad de Dios.
10. La obediencia es un mensaje de libertad, porque el que obedece está demostrando que nada lo detiene de hacer lo que Dios le pide.

Abraham fue sobresaliente en su forma de honrar y obedecer a Dios. Y por esa razón Dios constantemente le repetía la promesa de darle descendencia:

Después de estas cosas vino la palabra de Jehová a Abram en visión, diciendo: No temas, Abram; yo soy tu escudo, y tu galardón será sobremanera grande. Y respondió Abram: Señor Jehová, ¿qué me darás, siendo así que ando sin hijo, y el mayordomo de mi casa es ese damasceno Eliezer? Dijo también Abram: Mira que no me has dado prole, y he aquí que será mi heredero un esclavo nacido en mi casa. Luego vino a él palabra de Jehová, diciendo: No te heredará éste, sino un hijo tuyo será el que te heredará. Y lo llevó fuera, y le dijo: Mira ahora los cielos, y cuenta las estrellas, si las puedes contar. Y le dijo: Así será tu descendencia. Y creyó a Jehová, y le fue contado por justicia. (Génesis 15:1-6)

Hasta que un día, ya siendo Abraham de cien años de edad, Dios visitó a Sara, y por fin se comienza a ver el cumplimiento de aquella bendición prometida:

Visitó Jehová a Sara, como había dicho, e hizo Jehová con Sara como había hablado. Y Sara concibió y dio a Abraham un hijo en su vejez, en el tiempo que Dios le había dicho. Y llamó Abraham el nombre de su hijo que le nació, que le dio a luz Sara, Isaac. Y circuncidó Abraham a su hijo Isaac de ocho días, como Dios le había mandado. Y era Abraham de cien años cuando nació Isaac su hijo. (Génesis 21:1-5)

La obediencia puesta a prueba

Cuando Dios promete algo, nunca deja de cumplirlo; y cuando Dios quiere usar a alguien, nunca deja de probarlo. Abraham ha visto parcialmente cumplida la promesa que Dios le hizo. Decimos parcialmente porque lo que Dios le prometió fue una numerosa descendencia que conformaría una nación grande (ver Génesis 12:2), y serían tantos como el polvo de la tierra (ver Génesis 13:16) y como las estrellas del cielo (ver Génesis 15:5). Isaac, el hijo que le nació a Abraham, era solamente uno, así es que Dios debía hacer pasar a Su amigo por el mismo

> CUANDO DIOS PROMETE ALGO, NUNCA DEJA DE CUMPLIRLO; Y CUANDO DIOS QUIERE USAR A ALGUIEN, NUNCA DEJA DE PROBARLO.

proceso que pasó la viuda de Sarepta, para ver cómo lo poco se le multiplicaba y se convertía en mucho (ver 1 Reyes 17:8-16). Ese proceso es el de la obediencia puesta a prueba. Leamos lo que dice la Biblia:

Aconteció después de estas cosas, que probó Dios a Abraham, y le dijo: Abraham. Y él respondió: Heme aquí. Y dijo: Toma ahora tu hijo, tu único, Isaac, a quien amas, y vete a tierra de Moriah, y ofrécelo allí en holocausto sobre uno de los montes que yo te diré. Y Abraham se levantó muy de mañana, y enalbardó su asno, y tomó consigo dos siervos suyos, y a Isaac su hijo; y cortó leña para el holocausto, y se levantó, y fue al lugar que Dios le dijo. Al tercer día alzó Abraham sus ojos, y vio el lugar de lejos. Entonces dijo Abraham a sus siervos: Esperad aquí con el asno, y yo y el muchacho iremos hasta allí y adoraremos, y volveremos a vosotros. Y tomó Abraham la leña del holocausto, y la puso sobre Isaac su hijo, y él tomó en su mano el fuego y

ACTIVAR LA BENDICIÓN

el cuchillo; y fueron ambos juntos. Entonces habló Isaac a Abraham su padre, y dijo: Padre mío. Y él respondió: Heme aquí, mi hijo. Y él dijo: He aquí el fuego y la leña; mas ¿dónde está el cordero para el holocausto? Y respondió Abraham: Dios se proveerá de cordero para el holocausto, hijo mío. E iban juntos. Y cuando llegaron al lugar que Dios le había dicho, edificó allí Abraham un altar, y compuso la leña, y ató a Isaac su hijo, y lo puso en el altar sobre la leña. Y extendió Abraham su mano y tomó el cuchillo para degollar a su hijo. Entonces el ángel de Jehová le dio voces desde el cielo, y dijo: Abraham, Abraham. Y él respondió: Heme aquí. Y dijo: No extiendas tu mano sobre el muchacho, ni le hagas nada; porque ya conozco que temes a Dios, por cuanto no me rehusaste tu hijo, tu único. Entonces alzó Abraham sus ojos y miró, y he aquí a sus espaldas un carnero trabado en un zarzal por sus cuernos; y fue Abraham y tomó el carnero, y lo ofreció en holocausto en lugar de su hijo. Y llamó Abraham el nombre de aquel lugar, Jehová proveerá. Por tanto se dice hoy: En el monte de Jehová será provisto. Y llamó el ángel de Jehová a Abraham por segunda vez desde el cielo, y dijo: Por mí mismo he jurado, dice Jehová, que por cuanto has hecho esto, y no me has rehusado tu hijo, tu único hijo; de cierto te bendeciré, y multiplicaré tu descendencia como las estrellas del cielo y como la arena que está a la orilla del mar; y tu descendencia poseerá las puertas de sus enemigos. En tu simiente serán benditas todas las naciones de la tierra, por cuanto obedeciste a mi voz. (Génesis 22:1-18)

Abraham pasó la prueba, honró a Dios con obediencia poniéndolo en primer lugar, aun antes que la vida de su hijo, y aun antes que el amor que sentía por Isaac, y aun antes que la misma opinión de su esposa Sara. Desde aquel momento la historia de Abraham cambió para siempre, al punto que fue la primera persona, en toda la historia bíblica, a quien Dios llamó amigo (ver

Isaías 41:8) por su admirable forma de honrar y obedecer a Dios, otorgándole siempre el primer lugar, ante todo.

LO QUE REPRESENTA LA BENDICIÓN

La bendición de Dios tiene incontables formas de manifestarse y muchos beneficios importantes para la vida de un ser humano. A continuación veremos los diez más sobresalientes en La Biblia:

1. Una familia unida

Tu mujer será como vid que lleva fruto a los lados de tu casa; Tus hijos como plantas de olivo alrededor de tu mesa. He aquí que así será bendecido el hombre que teme a Jehová. (Salmos 128:3-4)

2. Los bienes se aumentan

Respondiendo Satanás a Jehová, dijo: ¿Acaso teme Job a Dios de balde? ¿No le has cercado alrededor a él y a su casa y a todo lo que tiene? Al trabajo de sus manos has dado bendición; por tanto, sus bienes han aumentado sobre la tierra. (Job 1:9-10)

3. Heredar promesas

Y te dé la bendición de Abraham, y a tu descendencia contigo, para que heredes la tierra en que moras, que Dios dio a Abraham. (Génesis 28:4)

4. Hay grandeza

Y Jehová ha bendecido mucho a mi amo, y él se ha engrandecido; y le ha dado ovejas y vacas, plata y oro, siervos y siervas, camellos y asnos. (Génesis 24:35)

5. Bendecidos para bendecir

Y haré de ti una nación grande, y te bendeciré, y engrandeceré tu nombre, y serás bendición. (Génesis 12:2)

6. Un cambio radical

A vosotros primeramente, Dios, habiendo levantado a su Hijo, lo envió para que os bendijese, a fin de que cada uno se convierta de su maldad. (Hechos 3:26)

7. Trae prosperidad

Y sembró Isaac en aquella tierra, y cosechó aquel año ciento por uno; y le bendijo Jehová. El varón se enriqueció, y fue prosperado, y se engrandeció hasta hacerse muy poderoso. (Génesis 26:12-13)

8. Trae multiplicación

Y el Dios omnipotente te bendiga, y te haga fructificar y te multiplique, hasta llegar a ser multitud de pueblos. (Génesis 28:3)

9. Trae progreso económico

La bendición de Jehová es la que enriquece, Y no añade tristeza con ella. (Proverbios 10:22)

10. Activa el favor de Dios

Porque tú, oh Jehová, bendecirás al justo; Como con un escudo lo rodearás de tu favor. (Salmos 5:12)

3

EL POTENCIAL DE UNA SEMILLA

"Podemos saber cuántas semillas hay dentro de una manzana, pero nunca sabremos cuántas manzanas hay dentro de una semilla."

Parecía un servicio más de iglesia hasta que subió a la plataforma un jovencito que a mi parecer tendría menos de diez años. Aquel día yo (y sé que no fui el único) me sentí abochornado por la sencillez y profundidad con la que aquel niño habló y le dio una enorme lección a toda aquella asamblea, de la cual yo era parte. Él estaba enseñando sobre el poder de la ofrenda, y todo lo que hizo fue subir a la plataforma con una manzana en la mano y preguntar:

—¿Cuántas manzanas puede ver usted en mi mano?

Las personas, con cierto sentido de sencillez, tratando de no ofender la inocencia de aquel niño, contestaron:

—Una, hay una sola manzana.

A esto el niño respondió, con tono resuelto y para nada burlesco, y dijo:

—Pues nosotros solamente vemos una manzana, pero Dios no. Dios ve muchas manzanas, porque Él ve las semillas que están dentro, y sabe que dentro de cada una de esas semillas hay un árbol con muchas manzanas y que dentro de esas manzanas en los árboles hay más semillas que también se pueden sembrar y producir muchos árboles más.

Y luego añadió:

El potencial de una semilla

—Pero la decisión de quedarnos con una sola manzana es nuestra. Si nos comemos las semillas y no las sembramos, tendremos solamente una manzana.

Todos nos pusimos de pie a aplaudir la intrepidez de aquel jovencito, porque nos ayudó a ver, con un ejemplo sencillo, más allá de nuestros límites, y recordó que uno de los más grandes misterios que hay es el poder de vida que existe dentro de una semilla; cómo de algo tan pequeño pueden salir enormes árboles que a su vez producen frutos; y estos frutos contienen más semillas dentro de ellos, con la capacidad de continuar con el ciclo de multiplicación y reproducción.

Esa semilla estuvo en la palma de una mano en algún tiempo atrás. Y todo lo que hubo que hacer fue sembrarla para que se activara el poder de vida que existía dentro de ella. Si aquella semilla se hubiese quedado sin ser sembrada y hubiera permanecido en la mano del que la tenía; o si en vez de sembrarla hubieran decidido comérsela, nunca se hubiera reproducido. Pero el acto de soltarla en la tierra y enterrarla, dio inicio a un proceso que la puede llevar a convertirse en un bosque.

Jesús lo dijo de esta manera:

> *De cierto, de cierto os digo, que si el grano de trigo no cae en la tierra y muere, queda solo; pero si muere, lleva mucho fruto.* (Juan 12:24)

> **LO QUE TENEMOS HOY ES EL RESULTADO DE LO QUE SEMBRAMOS AYER; LO QUE TENDREMOS MAÑANA SERÁ EL RESULTADO DE LO QUE SEMBREMOS HOY.**

Toda cosecha es el resultado de semillas que fueron sembradas. Lo que tenemos hoy es el resultado de lo que sembramos ayer; lo que tendremos mañana será el resultado de lo que sembremos hoy. Ese es el orden que Dios estableció desde el principio de la creación, allá en Génesis 1:11-12. Antes del árbol, primero fue la semilla. No hubo árbol sin que primero hubiera semilla. Todo esto se conoce en como *"La ley de la siembra y la cosecha"* la cual está establecida en la Palabra:

No os engañéis; Dios no puede ser burlado: pues todo lo que el hombre sembrare, eso también segará. (Gálatas 6:7)

CAÍN Y ABEL

La Biblia relata la historia de la primera ofrenda que se ofreció a Dios aquí en el planeta Tierra, lo cual pasa a ser literalmente las Primicias que se le ofrecieron a Dios. Allí se puso en práctica el principio de la siembra y la cosecha en el mismo comienzo de la historia de la raza humana en la Tierra, por dos personajes que se hicieron muy populares a partir de la siembra que individualmente hizo cada uno, y los resultados que sus siembras les devolvieron a ambos por separado. Son

Caín y Abel, hijos de Adán y Eva. El relato bíblico en Génesis dice así:

> *Conoció Adán a su mujer Eva, la cual concibió y dio a luz a Caín, y dijo: Por voluntad de Jehová he adquirido varón. Después dio a luz a su hermano Abel. Y Abel fue pastor de ovejas, y Caín fue labrador de la tierra. Y aconteció andando el tiempo, que Caín trajo del fruto de la tierra una ofrenda a Jehová. Y Abel trajo también de los primogénitos de sus ovejas, de lo más gordo de ellas. Y miró Jehová con agrado a Abel y a su ofrenda; pero no miró con agrado a Caín y a la ofrenda suya. Y se ensañó Caín en gran manera, y decayó su semblante.* (Génesis 4:1-5)

La pregunta que surge de inmediato es: ¿Por qué Dios miró con agrado la ofrenda de Abel y no miró con agrado la de Caín? A esto hay que añadir una pregunta más: ¿Acaso la ofrenda no es algo voluntario, que debe ser aceptada tal cual se presenta? La respuesta a ambas preguntas se encuentra en el mismo relato de Génesis 4:

En primer lugar, el versículo tres dice que esto sucedió "andando el tiempo". Un vistazo más profundo a esa frase nos dice que ellos permitieron que pasara el tiempo antes de traer "la ofrenda de primicias" que ofrecieron a Dios, y cuando "pasó el tiempo" Caín trajo del fruto de la tierra y Abel de sus ovejas.

El asunto es que "el paso de tiempo" no representó lo mismo para estos dos hermanos, porque Abel permite que pase el tiempo y eso logra que sus ovejas engorden y se pongan robustas, de modo que cuando él se presentó a ofrecer la ofrenda, Dios la recibió como una primicia agradable.

Caín por su lado deja pasar el tiempo y cuando le trae a Dios la ofrenda *del fruto de la tierra* el tiempo no produjo el mismo efecto que tuvo con las ovejas de Abel, porque lo que Caín está ofreciendo son frutas y al pasar el tiempo ya no están frescas. Esto es lo que hace que la ofrenda de Caín no sea considerada como una primicia agradable.

PRÉSTALE ATENCIÓN A LA ORTOGRAFÍA

La ofrenda de primicias es algo que debe manejarse con delicadeza en cuanto al tiempo, porque hay casos en que no puede ser demorada. La Biblia dice:

No demorarás la primicia de tu cosecha ni de tu lagar.
Me darás el primogénito de tus hijos. (Éxodo 22:29)

Si le prestamos atención a la ortografía de Éxodo 22:29, vamos a observar que el verso está separado por un punto y aparte (el lector puede verificar leyendo su Biblia). Esto es de suma importancia, porque en los tiempos bíblicos las personas no siempre recibían como sueldos piedras preciosas o minerales de alto valor, ni mucho menos dinero en efectivo porque ni siquiera existía, sino que se les pagaba con granos, frutas o animales; y a la hora de presentar sus primicias había cosas que podían demorarse y otras no.

La primicia de cosecha no puede ser demorada, porque después de ser arrancadas de la tierra, el tiempo causa un efecto en las frutas y verduras que no es positivo. Muy pronto entran en estado de descomposición y su calidad ya no es la misma. Caín no respetó este principio cuando ofreció sus primicias.

Por otro lado, la ofrenda de primicias de los animales era diferente, porque el tiempo permitía que se engordaran y alcanzaran el estado adecuado para ser ofrecidos como algo agradable a Dios. Abel respetó este principio cuando ofreció sus primicias.

El escritor del libro a los Hebreos dijo lo siguiente:

Por la fe Abel ofreció a Dios más excelente sacrificio que Caín, por lo cual alcanzó testimonio de que era justo, dando Dios testimonio de sus ofrendas; y muerto, aún habla por ella. (Hebreos 11:4)

La cosecha

Y de esto aprendemos que, aunque ambos trajeron un sacrificio, el de Abel fue *"más excelente"* porque usó el tiempo para engordar su ofrenda. Pero Caín dejó pasar el tiempo y le ocurrió todo lo contrario de lo que le pasó a Abel. Al presentar la ofrenda ya no lucía excelente. Es que cuando se trata de Primicias, Dios espera que se le ofrezca no solo lo primero, sino también lo mejor.

Abel tuvo una cosecha espectacular, porque llegó a ser seleccionado por Dios para estar en la lista de los "héroes de la Fe" que aparecen en Hebreos capítulo 11, y aunque nunca mató ejércitos, ni derribó gigantes, ni escribió libros, ni hizo milagros, aparece en primer lugar de aquella lista dorada, la cual es conocida en el cristianismo como "El Salón de la Fama de la Fe". Porque como nos dice Hebreos 11:4, Dios mismo dio y sigue dando testimonio de aquella ofrenda de primicias ofrecida por Abel.

Caín, por su parte, tuvo una cosecha muy desagradable. Después de que Dios se desagradó de su ofrenda, movido por la envidia, Caín mató a su hermano Abel, y la sentencia fue grave. Dios dijo así:

Ahora, pues, maldito seas tú de la tierra, que abrió su boca para recibir de tu mano la sangre de tu hermano. Cuando labres la tierra, no te volverá a dar su fuerza; errante y extranjero serás en la tierra. Y dijo Caín a Jehová: Grande es mi castigo para ser soportado. He aquí me echas hoy de la tierra, y de tu presencia me esconderé, y seré errante y extranjero en la tierra; y sucederá que cualquiera que me hallare, me matará. (Génesis 4:11-14)

Cuatro formas de darle a Dios

Dios se toma muy en serio el tema de las primicias porque, como hemos aprendido en capítulos anteriores, esta ofrenda tiene como meta devolverle a Dios el primer lugar. Con esto no pretendemos minimizar la importancia del diezmo o de cualquier otra ofrenda. Buscamos resaltar la importancia de recuperar el sentido sacrificial detrás de la ofrenda de primicias y entender lo que la hace destacarse de todas las demás. En la Biblia hay cuatro formas distintas de darle a Dios, y estas son:

1. El diezmo (obediencia)
2. Las ofrendas (gratitud)
3. Los pactos (fe)
4. Las primicias (honra/amor)

Todas son importantes, y cada una constituye un mensaje diferente:

1. **EL DIEZMO:** El diezmo es un acto de obediencia. Es el diez por ciento de nuestros ingresos, el cual separamos para dárselo a Dios. Afirmamos que son un mensaje de obediencia porque deben darse de forma disciplinada, cada vez que hay un ingreso a nuestro favor.

2. **LAS OFRENDAS.** Las ofrendas son un acto de gratitud. A diferencia del diezmo, no hay indicación en la Biblia de que deba ser una cantidad o porcentaje específico, sino que se dan de acuerdo a la posibilidad financiera de cada quien. Es por eso que afirmamos que son un verdadero mensaje de gratitud, porque es gratitud por lo recibido lo que determina la cantidad que se ofrece.

3. **LOS PACTOS.** Los pactos son un acto de fe. Al igual que la ofrenda, no hay una cantidad o porcentaje específico vinculado con estos. La razón que afirmamos que son un acto de fe es porque cuando se ofrece, se hace basado en lo que esperamos en el futuro y no basado en lo que hemos recibido en el pasado. Tanto el diezmo como la ofrenda son un porcentaje de lo que hemos ganado hasta ese momento, pero el pacto lo damos basado en lo que queremos o quisiéramos ganar. La palabra pacto es la palabra hebrea *"beritt"*, aparece 285 veces

en el Antiguo Testamento y significa "encadenar o poner grilletes". Este término se utilizaba para los acuerdos financieros que se lograban entre dos partes, donde hay beneficios y responsabilidades para ambos. Todo esto nos ayuda a entender que pactar con Dios es un acto de fe, porque entramos en una responsabilidad que traerá beneficios en algún momento.

4. **LAS PRIMICIAS:** Las primicias son un acto de honra y amor. Es la más alta de todas las formas de dar, porque a diferencia de las otras, no es un porcentaje, sino la totalidad de lo obtenido. En el caso de los tiempos bíblicos era el primogénito de hombres o de animales, o la primera cosecha, o la primera ciudad conquistada (como fue el caso de Jericó). En los tiempos modernos es el primer negocio, o el primer sueldo. Sea cual fuese el caso, las primicias no era una porción de lo ganado, sino todo lo que se obtenía al principio. Afirmamos

que es un acto de honra y amor porque implica darle a Dios lo primero y lo más excelente. Esto último fue lo que marcó la diferencia en las primicias ofrecidas por los hijos de Adán. Ambos ofrecieron sacrificios, sin embargo, no hubo excelencia en el caso de Caín.

La gran enseñanza

Comenzamos este capítulo hablando sobre el potencial de vida almacenado dentro de una semilla. Fue Dios quien puso la vida dentro de la semilla, con el objetivo de que usáramos el principio para nuestro beneficio. Por eso nos invita a usar sabiduría a la hora de sembrar, porque eventualmente terminará trayendo consecuencias. El Apóstol Pablo lo expresó de esta manera:

Pero esto digo: El que siembra escasamente, también segará escasamente; y el que siembra generosamente, generosamente también segará. (2 Corintios 9:6)

Caín y Abel son el ejemplo perfecto porque nos ayudan a comprender que cada uno de nosotros puede generar un destino de buenas cosechas, si hacemos las elecciones apropiadas a la hora de sembrar. Y sobre todo cuando se trata de dar primicias y establecer a Dios como lo primero y lo más importante en nuestras vidas.

La Biblia dice:

> *Honra a Jehová con tus bienes, Y con las primicias de todos tus frutos; Y serán llenos tus graneros con abundancia, Y tus lagares rebosarán de mosto.* (Proverbios 3:9-10)

4

HONRAR A DIOS CON PRIMICIAS

Por tanto, Jehová el Dios de Israel dice: Yo había dicho que tu casa y la casa de tu padre andarían delante de mí perpetuamente; mas ahora ha dicho Jehová: Nunca yo tal haga, porque yo honraré a los que me honran, y los que me desprecian serán tenidos en poco. (1 Samuel 2:30)

Cuando Dios puso al hombre en la tierra, hizo todos los arreglos para que fuera feliz. Adán y Eva no fueron abandonados a su suerte, sino que Dios puso todo en su lugar para garantizar la estabilidad de la familia en todo el sentido de la palabra. Había abundancia, armonía, paz, el ecosistema era perfecto y el ser humano era señor de toda la tierra. Además, se pretendía que tanto Adán, Eva y toda su descendencia vivieran de esa manera para siempre. Ya que Dios quería garantizar que todo lo que se les había entregado a Sus hijos se mantuviera inalterable, les dio instrucciones a ellos de que obedecieran al pie de la letra. El objetivo de estas instrucciones era que la raza humana se mantuviera honrando a Dios como lo más importante en su vida, dándole la prioridad en todo.

No sabemos con exactitud cuántos años vivieron en aquel "paraíso". Lo que sí sabemos es que el plan marchaba a la perfección, mientras Dios fue honrado con obediencia y se mantuvo como lo primero en sus vidas. En esos días el mal no existía, ni la enfermedad, ni el dolor, ni la muerte, porque todo lo que les había sido entregado por Dios estaba siendo protegido por la misma instrucción que ellos estaban guardando; hasta que un día apareció el tentador y los engañó con su astucia, llevándolos a desobedecer a Dios.

Fueron tentados a probar lo que nunca habían probado y a hacer lo que se les había prohibido. Lo que el tentador nunca les dijo, aunque logró hacerlos caer en aquella tentación, fue que al desobedecer lo establecido estaban deshonrando al Dios que los había bendecido. Esto desencadenó una serie de situaciones adversas que se iniciaron con el miedo y la culpabilidad con que se llenaron Adán y Eva. Luego aparece el primer desacuerdo, y un capítulo más tarde los hijos se estaban matando entre ellos mismos. Más adelante la maldad se multiplica y todo aquel plan divino, que pretendía que el hombre viviera para siempre en un paraíso terrenal, fracasó.

Las consecuencias de la deshonra

Vivo convencido de que Adán y Eva no midieron las consecuencias que traerían sus decisiones. Ellos no sabían la catástrofe que un acto de deshonra causaría a ellos y a toda la humanidad, igual que muchos hoy en día tampoco lo saben. La deshonra es la responsable de la mayoría de los divorcios que hoy se dan. La deshonra es la causante de que muchos hijos estén saliendo de la casa de sus padres a temprana edad. La deshonra ha logrado que muchas iglesias se dividan y dejen de crecer. La deshonra es responsable de muchas enfermedades autoinmunes, porque genera muchas emociones negativas como ansiedades, angustias, inseguridad, miedos, dudas y zozobras.

> LA MÁS PELIGROSA DE TODAS LAS CONSECUENCIAS DE LA DESHONRA ES EL DESMORONAMIENTO DE LA CONFIANZA.

La más peligrosa de todas las consecuencias de la deshonra es el desmoronamiento de la confianza, tanto en uno mismo como en los demás, porque nos cuesta confiar en que los demás actuarán consecuentemente con sus palabras, y nos lleva a pensar que ya nadie honra sus compromisos.

Hace un tiempo atrás tuve la oportunidad de estar en la oficina de unos abogados en la ciudad de Miami, donde resido actualmente. En aquella visita, me llamó mucho la atención que en la misma recepción de las oficinas tienen enmarcado un documento que es la mitad de una página de papel, por cierto muy mal cortada, con cinco líneas escritas a mano que dicen lo siguiente: "Yo…", y cita el nombre de la persona, "por medio de esta carta hago constar que vendo la propiedad ubicada en la dirección…", y describe la ubicación del lugar, "al señor…", y cita a la persona que está recibiendo la propiedad, "por la cantidad de…", y describe la cantidad acordada, y "el traspaso toma efecto inmediatamente". A continuación aparecen la fecha y la firma del escritor de aquel documento.

Yo me quedé petrificado por unos minutos viendo y leyendo aquel documento. Jamás me hubiese imaginado que aquello era suficiente para hacer una negociación. Mi impresión fue tanta que cuando entré a entrevistarme con aquel abogado, después de saludarlo, lo primero que le pregunté fue por aquel cuadro que tenía a la entrada de su oficina. Al instante, con una sonrisa llena de aprecio, me llevó hasta el cuadro nuevamente y me dijo: "Fíjese en la fecha en que se redactó esa carta; es del año 1915. En aquellos tiempos eso era todo lo que hacía falta para hacer el traspaso de una propiedad". Y luego me dijo: "Eso fue cuando se empezó a redactar documentos, porque hubo un tiempo que, con una promesa y un apretón de manos entre dos caballeros, era suficiente".

DONDE HAY HONRA HAY CONFIANZA.

Después que salí de aquellas oficinas mi cabeza no dejó de pensar en lo distinta que era la vida para nuestros bisabuelos, porque la palabra de un ser humano se honraba en aquellos días. Entendí que la deshonra complica las cosas; donde hay honra hay confianza. Llegué a la conclusión de que la deshonra destruye los valores que nos hacen vivir en una sociedad sana y feliz. Por primera vez me di cuenta que el error más grande de Adán y Eva fue deshonrar al Dios que les había dado un paraíso para vivir.

La ley de la honra

Alguien me preguntó hace algún tiempo que por qué, si Dios sabía que Adán iba a comer de aquel fruto prohibido, se tuvo que poner aquel árbol dentro del paraíso. ¿Acaso no era mejor dejarlo en el cielo, donde fuera imposible tocarlo? Mi respuesta fue la siguiente: "La honra no es innata para nosotros los seres humanos. Si lo fuera, Dios no tendría que exigirla, como no nos exige comer, dormir ni respirar, porque todas estas son acciones innatas. Todos nosotros las practicamos de forma habitual sin la necesidad de que alguien nos esté ni siquiera recordando que debemos hacerlo. Es por eso que Dios puso, en aquel huerto, el árbol de la ciencia del bien y del mal, y al plantarlo, inmediatamente se le dio el mandamiento a Adán de que no podía tocarlo. Así Adán honraba a Dios, al respetar los límites establecidos".

Recordemos que al hombre se le había dado todo poder y autoridad en la tierra, y la única manera de que este no se sintiera Dios, era si el mismo Señor le establecía límites. Cada vez que Adán respetaba el árbol prohibido, estaba honrando a Dios como alguien más importante que él mismo. No era una cuestión de dieta, sino más bien de honra, porque la idea central era reconocer que Dios era lo primero y lo más importante para ellos.

Así es como surge la necesidad de registrar esta ley que refleja la posición en la que Dios está en nuestras vidas. La Biblia dice:

Jehová habló a Moisés, diciendo: **Conságrame** *todo primogénito. Cualquiera que abre matriz* *entre los hijos de Israel, así de los hombres como de los animales, mío es.* (Éxodo 13:1-2)

Cuando a alguien se le ofrece lo primero y lo más importante, se hace con la intención de honrarle. Ya sea ofreciéndole la primera silla, con la mejor vista en un auditorio; o dándole el primer plato que se sirve en una mesa, o la distinción de ser la primera persona en entrar en un edificio al abrirse la puerta. Todos estos gestos tienen la intención de mostrar honra. Se está advirtiendo que la persona que recibe tales privilegios no solamente merece el primer lugar, sino una alta importancia. Además, estas prácticas atañen a un siervo que quiere proclamar públicamente quién es su señor, y se usan de forma común en un palacio para dejar en claro quién es el rey en ese lugar.

Por supuesto que Dios nunca dejó ni dejará de ser lo más grandioso. Él ha sido, sigue y seguirá siendo Dios. Pero sí dejó de ser la prioridad para el hombre, cuando este último lo deshonró. La desobediencia manifiesta deshonra, porque advierte que quien da la orden no es tan importante. Cada vez que una persona desatiende la voz de Dios para atender otra voz, está situando a Dios fuera de la primera posición (en otras palabras, lo está sacando del trono de su corazón). Por eso se hace inevitable pronunciar y dejar por escrito la ley de las primicias y mostrarnos cómo al practicarla le estamos devolviendo a Dios lo que siempre fue de Él, la honra de mantenerlo en primer lugar. La Biblia dice:

> *Honra a Jehová con tus bienes, Y con las primicias de todos tus frutos; Y serán llenos tus graneros con abundancia, Y tus lagares rebosarán de mosto.* (Proverbios 3:9-10)

Honrar con primicias

La palabra honra, que aparece en Proverbios 3:9, es un verbo que significa glorificar, hacer lucir a alguien grande e importante; proclamar la majestad de una persona; publicar alabanzas sobre una personalidad; alabar, exaltar, celebrar.

Esto fue escrito por alguien que tenía mucha propiedad para hablar sobre el tema: el rey Salomón, porque no solamente practicó el principio de la honra, sino que también vivió la abundancia y las consecuencias de las que él habló en el verso diez.

Cuando de honrar se trataba, la Biblia registra de muchas maneras el comportamiento de aquel hijo del rey David:

a. Cuando su madre, Betsabé, llegó a visitarlo al palacio, Salomón se inclinó ante ella y mandó a ponerle una silla a la diestra de su trono.

b. Cuando la reina de Sabá llegó a visitar al rey Salomón, vino con muchos regalos. Al despedirla, él hizo que se le diera mucho más de lo que ella había traído.

c. El rey Salomón vestía a sus siervos y al maestresala que trabajaban en el palacio, de tal manera que impresionaban a los reyes que visitaban el palacio.

d. A la hora de honrar a Dios, Salomón fue sobresaliente:

- Su primer acto como rey fue ir al monte Gabaón, donde estaba el arca, y ofrecer allí mil holocaustos como primicias. Fue el primer y único rey, de todos los reyes mencionados en la Biblia, que tuvo ese gesto con Dios.

- En la dedicación del templo, sacrificó 120.000 ovejas y 22.000 bueyes.

- El día que trasladó el arca ofreció tantos sacrificios que no se pudo contar ni enumerar la cantidad que él dio.

- Todos los años subía tres veces a adorar y sacrificar holocaustos.

- Construyó el templo más majestuoso que ha existido en la historia de la raza humana.

- La madera que usó para las escalinatas que subían al templo era tan preciosa y única, que impresionaba aun a los reyes que llegaban a visitar el Templo de Dios.

Fue así como Salomón se consagró como una de las personas más elegantes y distinguidas en el tema de la honra, porque entendía, predicaba y practicaba con altura el principio. Mientras lo practicó se cumplieron en su vida, al pie de la letra, todos los beneficios que conlleva el honrar. Sobre todo cuando se trató de darle las primicias a Dios, Salomón fue el único rey que se tomó el tiempo de subir a un monte para ofrecer primicias como primer acto de su gobierno. A Dios le agradó tanto aquel gesto que se le presentó aquella misma noche en sueños al rey Salomón y le dijo: *"Pídeme lo que quieras que yo te dé"* (2 Crónicas 1:7). Es en ese momento donde el hijo del rey David hace la famosa oración a Dios pidiéndole sabiduría.

Todo lo que podamos decir es poco respecto a lo que se desató sobre el rey Salomón a partir de aquella ofrenda de primicias, porque Dios no solamente le dio la sabiduría que él pidió, sino que lo llenó de riquezas, poder, fama e influencia. Además, le dio el único reino, registrado en la Biblia, que no tuvo guerras, sino que gozó de paz y prosperidad abundantes.

LA DIFERENCIA ENTRE DAR Y HONRAR

La ley de las primicias dice:

> *Honra a Jehová con tus bienes, Y con las primicias de todos tus frutos.* (Proverbios 3:9)

Nota que la Biblia no dice "dale a Jehová de tus bienes", sino "honra a Jehová con tus bienes". La razón es sencilla: todos damos, pero no todos honramos cuando lo hacemos. Es que dar y honrar son dos cosas distintas. En lo único que son semejantes el dar y el honrar es que al practicarse se está haciendo un traspaso de las manos de quien da a las manos de quien recibe; y de la mano que honra a la mano del que está siendo honrado. Pero en el fondo, estos principios son muy distintos, por causa de los sentimientos, intenciones, propósitos y fines, sobre todo de la persona que está honrando o dando.

Las grandes diferencias

- Al dar, lo hacemos por lo que tenemos, o por lo que nuestro presupuesto nos permite. Cuando honramos, lo hacemos por lo que la otra persona merece, independientemente de cuál sea nuestra situación o presupuesto en el momento.

- Cuando damos, pudiéramos estar esperando algo a cambio. Cuando honramos lo hacemos con el único interés de que la persona que está recibiendo la honra se sienta alabada y festejada.

- El dar es un acto que se puede hacer en cualquier momento. La honra es algo que se hace solamente al comienzo, nunca al final. Es por eso que la Biblia dice: *"No demorarás la primicia de tu cosecha ni de tu lagar. Me darás el primogénito de tus hijos"* (Éxodo 22:29).

- Dar puede ser un acto de agradecimiento; damos porque alguien nos dio primero. La honra, aunque conlleva agradecimiento, es sobre todo un acto de reconocimiento, porque lo hacemos en calidad de adoración, no por lo que Dios nos dé, sino por lo que Él es.

- Podemos dar para sentirnos bien. Pero la honra es para que la persona que está siendo honrada se sienta bien. De hecho, hay momentos en los que en el momento de ofrecer las primicias como honra, pudiéramos no sentirnos necesariamente bien, sino todo lo contrario. Tal fue el caso de Abraham, cuando ofreció a su hijo Isaac (de esta historia hablaremos más adelante en el libro). Fue un acto de pura honra, adoración y obediencia, que nuestro sentido común nos dice que en el momento no hizo sentir nada bien a Abraham, pero lo hizo porque así Dios lo pidió.

- El dar pudiera no significar dolor para quien lo hace, porque siempre se da de acuerdo a las posibilidades. La honra sí causa dolor porque implica sacrificio que no siempre está determinado por nuestras posibilidades.

- A la hora de dar puede darse cualquier cosa. Pero para honrar debe usarse lo primero y lo más valioso. De hecho, la única razón por la que se le puede llamar honra es por el valor que representa para quien lo está ofreciendo. El ejemplo más conocido de esto es lo que sucedió un día que Jesús mismo entró en el templo a la hora de las ofrendas y había muchos ricos que estaban dando mucho dinero, pero, aunque era mucho, daban de lo que les sobraba. En aquel momento también una viuda se acercó a dar, y aunque solamente dio un par de monedas, aquellas monedas eran todo lo que ella tenía para comer. Cuando Jesús vio aquella escena aplaudió a la viuda porque sus monedas tenían más valor que todo el dinero que dieron los ricos, porque para ella fue un sacrificio, pero para los demás no.

5

El primer altar

En la universidad me enseñaron que existe una ley para tener una mejor comprensión de La Biblia, y se llama la Ley de la Primera Mención. Lo que esta ley establece es que cada vez que queremos saber el significado o la intención que Dios tiene con algo, debemos ir a la primera vez que esto se menciona en La Biblia. En esa primera aparición se puede apreciar el propósito original con el que Dios creó o dijo ese "algo", que bien pudiera ser una ley, un ritual, un objeto, un número o una palabra. Así es que nos vamos a apoyar en esa ley para estudiar lo que representa "un altar".

La primera vez que aparece en la Biblia la palabra "altar" es en el libro de Génesis capítulo 8, cuando se nos relata el momento en que Noé, junto a su familia, salen del arca después del diluvio. Fue en el capítulo 6 de Génesis que Noé recibió las instrucciones de construir aquella embarcación.

> *Y miró Dios la tierra, y he aquí que estaba corrompida; porque toda carne había corrompido su camino sobre la tierra. Dijo, pues, Dios a Noé: He decidido el fin de todo ser, porque la tierra está llena de violencia a causa de ellos; y he aquí que yo los destruiré con la tierra. Hazte un arca de madera de gofer; harás aposentos en el arca, y la calafatearás con brea por dentro y por fuera.* (Génesis 6:12-14)

El juicio que Dios estaba trayendo a la tierra había sido causado por la extrema corrupción del hombre. La decisión de Dios fue *"raer"* de la tierra todo lo que había sido hecho en el día cinco y en el día seis de la creación.

El primer altar

Esto incluía, no solamente al hombre, sino a los animales también:

> *Y dijo Jehová: Raeré de sobre la faz de la tierra a los hombres que he creado, desde el hombre hasta la bestia, y hasta el reptil y las aves del cielo; pues me arrepiento de haberlos hecho.* (Génesis 6:7)

Después del diluvio, cuando las aguas se secaron, el panorama era desolador. Imagínate por un momento el cuadro: no hay árboles ni plantas y por lo tanto, tampoco comida. No hay personas, ni casas. Es decir, absolutamente todo ha sido devastado. Un dato más: tampoco hay animales, porque todos han muerto. Solo se encuentran los cuerpos muertos de los que se ahogaron.

Ahora le toca a Noé salir del arca junto a su familia y con todos los animales que se habían salvado del diluvio por haber entrado a aquel trasatlántico construido por aquella familia. El cuadro que se encuentran es impresionante, al ver la devastación y el caos en la tierra.

Y esto es lo que llama poderosamente mi atención, que, en ese preciso momento, delante de aquel despliegue caótico, Noé decide levantar un altar y ofrecerle a Dios de los animales que habían salido vivos del arca.

> *Y edificó Noé un altar a Jehová, y tomó de todo animal limpio y de toda ave limpia, y ofreció holocausto en el altar. Y percibió Jehová olor grato; y dijo Jehová en su corazón: No volveré más a maldecir la tierra por causa del hombre; porque el intento del corazón del hombre es malo desde su juventud; ni volveré más a destruir todo ser viviente, como he hecho. Mientras la tierra permanezca, no cesarán la sementera y la siega, el frío y el calor, el verano y el invierno, y el día y la noche.* (Génesis 8:20-22)

DIOS SE AGRADÓ

Fue un gesto que tocó el corazón de Dios, por muchas razones, pero la más importante fue la que nos ayuda a entender el concepto de "las primicias y el altar". Tomemos en cuenta dos cosas sobresalientes. Lo primero que hace Noé al salir del arca es levantar un altar y ofrecerle a Dios primicias. En segundo lugar, Noé le ofreció a Dios cosas muy apreciadas.

Génesis 6:7 nos relató que los animales iban a ser *"raídos"* de la tierra. La palabra "raer" es el término hebreo ***maká,*** y significa borrar, deshacer, destruir, exterminar. Lo que esto significa es que Noé le está ofreciendo a Dios animales en peligro de extinción en un tiempo donde no hay comida. Es así como llegamos al corazón del tema central que trata este libro, porque vemos que primicias no tiene que ver con una cantidad, ni mucho menos con dinero en particular, sino con acciones que anuncian que Dios es lo primero en nuestra vida y que estamos dispuestos a sacrificar aun lo más importante para demostrarlo.

No podemos pasar por alto las condiciones ambientales y serios retos a los que se tenía que enfrentar aquella familia de sobrevivientes, pues no solo tenían que lidiar con la tarea de reconstruir todo un planeta que había sido totalmente devastado, sino que además enfrentaban el desafío de cumplir con la básica tarea de conseguir alimentos para conservar la raza humana. Es precisamente este último detalle lo que hace que el gesto de Noé sea tan trascendental. No es lo mismo ofrecerle a Dios una ofrenda en tiempos de abundancia, que ofrecerla en tiempos donde este ofrecimiento representa quedarse sin nada.

Noé le ofrece a Dios algo muy valioso y en un tiempo altamente especial. Y al ofrecer esta ofrenda de primicias no hace ninguna petición al cielo, ni le cuenta a Dios sobre su situación. Simplemente, al salir del arca, construye un altar y le ofrenda a Dios animales limpios como primicias. Aquel acto hizo reaccionar a Dios de una forma especial, y en aquel momento le dio a Noé tres decretos importantes:

1. La cancelación de toda maldición divina en la tierra.
2. El establecimiento de tiempos para establecer temporadas.
3. La seguridad de que el hombre podía establecer su destino a través del principio de la siembra y la cosecha.

Aquel evento nos deja valiosas lecciones que nos permiten entender lo que verdaderamente significa y representa un altar, y el poderoso vínculo que tiene con las primicias a los ojos de Dios:

+ En primer lugar, un altar es un lugar donde se ofrece a Dios sacrificio de cosas que son sumamente valiosas. Al ofrecer Noé esos animales estaba poniendo en riesgo el alimento y la vida misma de su familia.

+ Un altar es un lugar donde se le ofrece a Dios primicias. Noé, agradecido de haber quedado con vida después de semejante catástrofe, ahora está comenzando una nueva etapa en su vida, y por lo tanto debía ofrecerle a Dios primicias, porque es la ofrenda que debe hacerse al principio.

- Un altar es un lugar donde el compromiso con Dios se hace evidente al ofrecerle a Dios lo primero y lo más importante.

- Un altar es un lugar donde se honra a Dios con lo mejor.

Además:

- Un altar es un lugar donde se cancelan maldiciones.

- Un altar es un lugar para establecer temporadas, estaciones y nuevos comienzos.

- Un altar es un lugar donde Dios bendice.

Siempre lo primero

Un altar no es un lugar físico, y primicias no tiene que ver con cantidades. Un altar es un lugar donde se ofrece a Dios un sacrificio de cosas que son importantes para nosotros. Primicias es aquello que demuestra que Dios está en primer lugar en nuestra vida, por lo tanto, le ofrecemos lo más importante.

Noé queda registrado en la historia bíblica como el primer ser humano en levantar un altar para Dios y ofrecerle en él las primicias. La Biblia está llena de historias semejantes que nos recuerdan que Dios espera de cada uno de Sus hijos la misma actitud. Ese fue el caso de la viuda de Sarepta de Sidón, a la que se acercó el profeta Elías con una orden de parte de Dios.

Las condiciones en las que se encuentra aquella dama son semejantes a las de Noé, debido a que la zona donde ella se encuentra está atravesando una sequía enorme, al punto que aun el palacio del rey de aquel lugar está pasando necesidades. La señora de la historia ha estado racionando los alimentos, tratando de extenderlos lo más posible para conservar su vida y la de su hijo. Lo cierto es que el Profeta Elías llega a aquel lugar cuando a la viuda le queda solamente una ración más para comer ella y su hijo, para luego morir de hambre.

Vino luego a él palabra de Jehová, diciendo: Levántate, vete a Sarepta de Sidón, y mora allí; he aquí yo he dado orden allí a una mujer viuda que te sustente. Entonces él se levantó y se fue a Sarepta. Y cuando llegó a la puerta de la ciudad, he aquí una mujer viuda que estaba allí recogiendo leña; y él la llamó, y le dijo: Te ruego que me traigas un poco de agua en un vaso, para que beba. Y yendo ella para traérsela, él la volvió a llamar, y le dijo: Te ruego que me traigas también un bocado de pan en tu mano. Y ella respondió: Vive Jehová tu Dios, que no tengo pan cocido; solamente un puñado de harina tengo en la tinaja, y un poco de aceite en una vasija; y ahora recogía dos leños,

El primer altar

para entrar y prepararlo para mí y para mi hijo, para que lo comamos, y nos dejemos morir. Elías le dijo: No tengas temor; ve, haz como has dicho; pero hazme a mí primero de ello una pequeña torta cocida debajo de la ceniza, y tráemela; y después harás para ti y para tu hijo. Porque Jehová Dios de Israel ha dicho así: La harina de la tinaja no escaseará, ni el aceite de la vasija disminuirá, hasta el día en que Jehová haga llover sobre la faz de la tierra. Entonces ella fue e hizo como le dijo Elías; y comió él, y ella, y su casa, muchos días. Y la harina de la tinaja no escaseó, ni el aceite de la vasija menguó, conforme a la palabra que Jehová había dicho por Elías. (1 Reyes 17:8-16)

Lo forma en que se desarrolla esta historia es, a simple vista, un poco controversial, porque el Profeta se ha estado alimentando por los últimos meses de pan y carne todos los días. Se acerca a una dama que, posiblemente, tiene algunos días sin comer, porque ha estado haciendo lo que cualquiera de nosotros hubiera hecho en su lugar, que es racionar los alimentos y tomarlos, quizás un día de por medio, para extenderlos lo más posible.

Piénselo por un momento. No ha llovido por mucho tiempo, no hay alimentos en todo el país, todos los ciudadanos están pasando serias necesidades y la viuda de la historia tiene un hijo que lo más probable es que esté enfermo por causa de la desnutrición, porque de lo contrario hubiese sido él quien estuviera recogiendo los leños y no la desnutrida y moribunda señora. Se la encuentra en la puerta de la ciudad este profeta que le dice "hazme a mí primero".

La razón que le llamamos controversial a esta escena es porque si un noticiero sensacionalista hubiese estado presente en aquel momento, al día siguiente y en primera plana, la noticia diría algo así: "Pastor manipula a una viuda para que le dé de comer" o quizá algo así: "Pastor le exige a una mujer viuda que le dé lo último que tenía para alimentar su familia". La mayoría de las personas (sobre todo aquellas que no han experimentado de forma personal este principio de honrar a Dios con lo primero) no entenderían lo que está ocurriendo. Eso es lo grandioso de la fe, que por encima de toda matemática y razonamiento, siempre trae resultados extraordinarios a los que la usan.

La viuda de la historia accede al decreto e instrucciones del profeta, aferrándose a la promesa que este le hace:

Elías le dijo: No tengas temor; ve, haz como has dicho; pero hazme a mí primero de ello una pequeña torta cocida debajo de la ceniza, y tráemela; y después harás para ti y para tu hijo. Porque Jehová Dios de Israel ha dicho así: La harina de la tinaja no escaseará, ni el aceite de la vasija disminuirá, hasta el día en que Jehová haga llover sobre la faz de la tierra. (1 Reyes 17:13-14)

Reorganizar nuestras prioridades y poner a Dios en primer lugar requiere de un esfuerzo racional y emocional muy grande, porque lo primero que debe ser sometido son nuestros temores: el miedo a perder, o a que las cosas no salgan bien; el horror a la posibilidad de que nos defrauden; el pánico al qué dirán o al futuro incierto. Lo sobresaliente de estas historias es que tanto la viuda de Sarepta como el patriarca Noé deben superar una enorme cantidad de pensamientos contrarios a su pasión espiritual, sobre todo cuando las realidades visibles y tangibles advierten en alta voz que la decisión racional más correcta no es la que están tomando. Este heroico acto es conocido en la Biblia como *"andar por fe y no por vista"* (2 Corintios 5:7). Se le llama "acto de fe" por dos razones:

1. No tienen otra manera de ser explicados.

   Un padre de familia (en el caso de Noé) y una madre, que además es viuda (en el caso de la mujer de Sarepta), jamás tomarían semejante decisión dentro de un cuadro escénico como los antes descritos.

2. Los resultados de aquellas decisiones fueron extraordinarios.

En ambos casos, en vez de fracasar, triunfaron, y gracias a lo que hicieron salvaron a la raza humana (por decirlo de una forma novelística).

a. En el caso de Noé: Dios fue movido por aquella primicia y, sin que alguien tuviera que implorarlo, Dios habló y desató bendiciones valiosas para la tierra.

La Biblia dice:

> *Y percibió Jehová olor grato; y dijo Jehová en su corazón: No volveré más a maldecir la tierra por causa del hombre; porque el intento del corazón del hombre es malo desde su juventud; ni volveré más a destruir todo ser viviente, como he hecho.*

> *Mientras la tierra permanezca, no cesarán la sementera y la siega, el frío y el calor, el verano y el invierno, y el día y la noche.* (Génesis 8:21-22)

- No volveré a maldecir la tierra.
- No volveré a destruir a todo ser viviente.
- No cesarán la siembra y la cosecha.
- No cesarán los ciclos y estaciones del año.
- Después de cada noche, habrá un amanecer.

b. En el caso de la viuda de Sarepta: Al igual que con Noé, Dios fue movido por la primicia que aquella mujer entregó, y como consecuencia la provisión milagrosa se desató en su casa.

La Biblia dice:

> *Entonces ella fue e hizo como le dijo Elías; y comió él, y ella, y su casa, muchos días. Y la harina de la tinaja no escaseó, ni el*

aceite de la vasija menguó, conforme a la palabra que Jehová había dicho por Elías. (1 Reyes 17:15-16)

- La harina no escaseó.
- El aceite no menguó.
- La Palabra de Dios se cumplió.
- El hambre desapareció de su casa.
- Y por si esto fuera poco, unos días más tarde, el hijo de la viuda enfermó y falleció, pero el Profeta hizo una oración y lo revivió (ver 1 Reyes 17:18-24).

La lección es sencilla. Cuando se le ofrece a Dios un sacrificio fuera de lo común, tal como es el caso de las primicias, Él no se queda de brazos cruzados. A Dios lo mueven las primicias, porque muy por encima de la cantidad que se ofrezca, o el sacrificio que se está haciendo para entregarse, este tipo de ofrenda contiene un mensaje sobresaliente, y es que establece a Dios en el primer lugar en nuestra escala de prioridades.

6

LOS BENEFICIOS DE LA HONRA

De todos los grandes personajes que encontramos en el Antiguo Testamento, hay dos que ofrecieron primicias como su primer acto al aparecer en escena en las Sagradas Escrituras, y son Abel y Salomón. En el caso de Abel, hijo de Adán y Eva, en la primera mención que se hace de él en La Biblia lo encontramos ofreciendo a Dios un excelente sacrificio, eligiendo entre lo mejor y lo más gordo de los primogénitos de sus ovejas. Esto fue de mucho agrado a Dios (ver Génesis 4).

El otro caso es el del rey Salomón, hijo del rey David. La historia bíblica registra que su primer acto, cuando fue instaurado como rey de Israel, fue ir al monte Gabaón a ofrecer mil holocaustos para Dios. Lo interesante de esto es que, en ambos casos, estas personas llegaron a ocupar el primer lugar: Abel ocupa el primer lugar en la lista de "los héroes de la fe" en Hebreos 11, y Salomón ocupa el primer lugar en la lista de las personas más prósperas, financieramente hablando, que haya existido en toda la historia de la raza humana. Todo esto nos enseña que la honra es una llave que nos abre la puerta para posiciones prominentes.

LO QUE SE PERDIÓ

Cuando Adán y Eva pecaron, no solo se les afectó su vida espiritual, sino que también perdieron muchos beneficios de los que gozaban como hijos de Dios. Uno de esos beneficios era la abundancia. Dios los había colocado en un lugar donde no les faltaba nada, y había todo tipo de piedras preciosas. Por si esto fuera poco, ni siquiera tenían necesidad de sudar para conseguir lo que deseaban. Las palabras escasez, necesidad, insolvencia, pobreza, hambre, dolor, crisis, no existían. Dios se había encargado de que no solamente tuvieran lo indispensable para vivir, sino que tuvieran mucho más que lo necesario, es decir, abundancia.

Pero el pecado de Adán y Eva trajo consecuencias devastadoras: entre ellas, las necesidades. Dios los echó de aquel paraíso donde vivían y comenzaron a aparecer aquellas palabras que no existían. Ahora Adán y Eva tienen que sudar para satisfacer sus necesidades, y se encuentran cardos y espinos, que son elementos que causan dolor y se interponen en el camino para cosechar y andar, cosas con las que nunca antes habían tenido que lidiar. En ese momento el plan parecía perdido, pero el propósito que Dios tuvo con ellos se mantuvo en pie. A Adán le salieron mal las cosas porque rompió un principio, pero a Dios no le salieron mal porque el plan se mantiene en pie, tanto para Adán como para todo ser humano que viva en esta tierra.

RECUPERAR LO QUE SE PERDIÓ

Si revisamos la historia de Adán y Eva, encontraremos que lo que los mantuvo dentro de aquel paraíso fue cumplir con un principio llamado honra. Mientras ellos honraron a Dios obedeciéndole y dándole el primer lugar, los beneficios estuvieron presentes. Todo marchaba bien mientras honrar a Dios era su prioridad. Pero cuando lo deshonraron, todos aquellos beneficios desaparecieron. Y esto nos lleva a una poderosa conclusión, que es con la que iniciamos este capítulo: El camino para recuperar lo que Dios nos ofrece es darle a Él lo que le pertenece. Dicho de otra manera: si le damos a Dios lo que Él nos pide, recibiremos como consecuencia lo que nos pertenece.

> EL CAMINO PARA RECUPERAR LO QUE DIOS NOS OFRECE ES DARLE A ÉL LO QUE LE PERTENECE.

LOS BENEFICIOS DE LA HONRA

Todo lo que el hombre perdió está escondido dentro de lo que se le quitó a Dios. Al devolverle a Dios Su posición original en el corazón del hombre, Él nos devuelve nuestra posición original en la tierra. Yo le doy la honra y la prioridad que le quité, y Él me devuelve la abundancia y todos los beneficios que yo perdí. Es a eso a lo que se refiere el rey Salomón en Proverbios:

Honra a Jehová con tus bienes, Y con las primicias de todos tus frutos; Y serán llenos tus graneros con abundancia, Y tus lagares rebosarán de mosto. (Proverbios 3:9-10)

Los ejemplos de Abel y Salomón son solamente dos de los tantos que aparecen en la Biblia y de los muchísimos que se registran en la historia de la raza humana. Cada uno de estos testimonios nos demuestra que donde se honra a Dios y a Su palabra como lo más importante, el progreso y la abundancia aparecen.

El caso de Jesús en Nazaret

Hay una historia registrada en La Biblia que nos ilustra de forma palpable esta poderosa verdad, y es cuando Jesús fue a su tierra, donde fue criado.

> *Aconteció que cuando terminó Jesús estas parábolas, se fue de allí. Y venido a su tierra, les enseñaba en la sinagoga de ellos, de tal manera que se maravillaban, y decían: ¿De dónde tiene éste esta sabiduría y estos milagros? ¿No es éste el hijo del carpintero? ¿No se llama su madre María, y sus hermanos, Jacobo, José, Simón y Judas? ¿No están todas sus hermanas con nosotros? ¿De dónde, pues, tiene éste todas estas cosas? Y se escandalizaban de él. Pero Jesús les dijo: No hay profeta **sin honra**, sino en su propia tierra y en su casa. Y **no hizo allí muchos** milagros, a causa de la incredulidad de ellos.* (Mateo 13:53-58)

Es interesante cómo la falta de honra afecta lo que aun el mismo Dios "puede hacer" por nosotros. Es que, al

LOS BENEFICIOS DE LA HONRA

igual que Adán, cada vez que la honra desaparece, los beneficios que la acompañan también desaparecen. En el caso de Jesús en Nazaret, nos muestra que la intención de Jesús era "hacer muchos milagros" en aquel lugar. Después de todo era la ciudad donde se había criado, y sus sentimientos por sus habitantes eran legítimos. Era igual que cualquier persona que ha salido del lugar donde se crió, y luego de haber progresado quiere volver a hacer un bien en el lugar de sus raíces.

Notemos que el limitante de Jesús no es la falta de necesidades en Nazaret, pues sí había enfermos y necesitados. Lo que no había era honra para con él, que tenía la provisión y las soluciones para saciar aquellas carencias. Es por eso que, aunque su intención era hacer muchos milagros, la Biblia dice que solo pudo hacer poco. El evangelista Marcos lo dijo de esta manera:

*Mas Jesús les decía: No hay **profeta sin honra** sino en su propia tierra, y entre sus parientes, y en su casa. Y no pudo hacer allí ningún milagro,* *salvo que sanó a **unos pocos** enfermos, poniendo sobre ellos las manos. Y estaba asombrado de la incredulidad de ellos. Y recorría las aldeas de alrededor, enseñando.* (Marcos 6:4-6)

FE Y PRIMICIAS

Lo mucho o lo poco que Dios pueda hacer por nosotros se verá afectado por nuestra disposición de honrarle a Él y a Su palabra. La Biblia dice que Jesús estaba "asombrado por la incredulidad de aquellas personas"; porque la honra y la fe van de la mano. Mientras más se cree en alguien y sus virtudes, más honra se le otorga. Pero mientras menos se crea en alguien o en sus habilidades, menos honra se le ofrecerá.

> LA HONRA Y LA FE VAN DE LA MANO.

Algo tan sencillo como una visita que recibamos en nuestra casa nos confirma esta verdad. Si la persona que estamos recibiendo es una personalidad pública altamente recomendada, nos han dicho cosas muy halagadoras sobre ella, nos han hablado de su posición en la sociedad y de todos los buenos atributos que tiene, al abrirle la puerta nuestros ojos brillarán, le ofreceremos pasar adelante con la más alta educación, y le hospedaremos con todos los detalles correspondientes.

Si, por el contrario, nos han dado muy malas referencias de la persona, dudamos de su reputación y ponemos en tela de juicio sus atributos, a la hora de recibirla —si es que le abrimos la puerta— nos mostraremos poco interesados en aquella visita y posiblemente las atenciones que ofrezcamos no sean las mejores. Si lo hacemos, tampoco pondremos el empeño en ofrecer excelencia en el trato.

¿Cuál es la diferencia? La honra que damos está determinada por las creencias que tenemos sobre una persona. Cuando tenemos a alguien en alta estima, nos esmeramos en ofrecer lo mejor; pero todo cambia si no estimamos a alguien como una persona muy importante. Eso fue lo que pasó en Nazaret cuando Jesús llegó. Quizá la demasiada confianza al haberse criado entre ellos, o el hecho de no reconocer su deidad y posición divina, no les permitió ver el error que estaban cometiendo al no honrarlo y las consecuencias que esto acarreaba.

Prosperidad y honra

La honra es la llave que abre los cielos para que la abundancia regrese a la tierra. De esto escribió el profeta Malaquías en el libro que lleva su nombre en el Antiguo Testamento. Cabe señalar que el libro de Malaquías no es un libro sobre diezmos y ofrendas, sino un llamado de atención de parte del Padre a Sus hijos que han dejado de honrarlo con darle a Él la prioridad y lo mejor.

> La honra es la llave que abre los cielos para que la abundancia regrese a la tierra.

LOS BENEFICIOS DE LA HONRA

En la introducción del libro, en el mismo capítulo 1, se nos dice:

El hijo honra al padre, y el siervo a su señor. Si, pues, soy yo padre, ¿dónde está mi honra? y si soy señor, ¿dónde está mi temor? dice Jehová de los ejércitos a vosotros, oh sacerdotes, que menospreciáis mi nombre. Y decís: ¿En qué hemos menospreciado tu nombre? En que ofrecéis sobre mi altar pan inmundo. Y dijisteis: ¿En qué te hemos deshonrado? En que pensáis que la mesa de Jehová es despreciable. Y cuando ofrecéis el animal ciego para el sacrificio, ¿no es malo? Asimismo cuando ofrecéis el cojo o el enfermo, ¿no es malo? Preséntalo, pues, a tu príncipe; ¿acaso se agradará de ti, o le serás acepto? dice Jehová de los ejércitos. Ahora, pues, orad por el favor de Dios, para que tenga piedad de nosotros. Pero ¿cómo podéis agradarle, si hacéis estas cosas? dice Jehová de los ejércitos. (Malaquías 1:6-9)

El reclamo de Dios es sobre la honra. Por eso Él pregunta: *"¿Dónde está mi honra?".* Porque más allá de una ofrenda, Dios busca la honra que se le está ofreciendo a la hora de presentar el sacrificio. En el caso de los hijos de Adán, Abel entendió y practicó este principio, pero Caín nunca lo entendió ni lo puso en práctica, porque no se trata solo de presentar "algo" para Dios, sino que Él reciba honra cuando se lo presentamos.

Es interesante cómo Dios trata de llegar al entendimiento de aquellos sacerdotes en Malaquías y les dice: *"Presenta a tu príncipe lo mismo que me estás presentando a mí"*, porque Él sabe que ninguna persona en eminencia aceptaría como regalo un animal cojo, o ciego, o enfermo, de lo contrario causaría el efecto contrario que causa la honra, que es el rechazo.

Lo crucial de esto es las consecuencias que acarreó la deshonra. Dios llegó a hacer un decreto muy severo contra aquellos sacerdotes:

LOS BENEFICIOS DE LA HONRA

Habéis además dicho: ¡Oh, qué fastidio es esto! y me despreciáis, dice Jehová de los ejércitos; y trajisteis lo hurtado, o cojo, o enfermo, y presentasteis ofrenda. ¿Aceptaré yo eso de vuestra mano? dice Jehová. Maldito el que engaña, el que teniendo machos en su rebaño, promete, y sacrifica a Jehová lo dañado. Porque yo soy Gran Rey, dice Jehová de los ejércitos, y mi nombre es temible entre las naciones. (Malaquías 1:13-14)

Así como la honra nos da acceso a la abundancia, como lo enseña Proverbios 3:9-10, la falta de honra termina siendo una actitud negativa que nos restringe de la prosperidad y beneficios con los que Dios desea bendecirnos. La deshonra asfixia el progreso por cuatro razones:

> **LA DESHONRA ASFIXIA EL PROGRESO.**

1. Deshonrar es menospreciar a la persona que está recibiendo el presente (menospreciar significa dar un precio menor del merecido).

2. Deshonrar es una actitud egoísta, donde lo primero soy yo y después (si alcanza) la otra persona.
3. No se puede dar con las manos cerradas… ni tampoco recibir.
4. Es falta de fe, porque no creemos en el beneficio que genera la honra.

Después de reprenderlos por la falta de honra que mostraban a la hora de ofrendar, Dios les da la repuesta para eliminar las consecuencias que estaba causando aquella pobre actitud. La Biblia dice:

Traed todos los diezmos al alfolí y haya alimento en mi casa; y probadme ahora en esto, dice Jehová de los ejércitos, si no os abriré las ventanas de los cielos, y derramaré sobre vosotros bendición hasta que sobreabunde. Reprenderé también por vosotros al devorador, y no os destruirá el fruto de la tierra, ni vuestra vid en el campo será estéril, dice Jehová de los ejércitos. Y todas las naciones os dirán bienaventurados; porque seréis tierra deseable, dice Jehová de los ejércitos. (Malaquías 3:10-12)

Se cumplió el principio, ellos le dieron a Dios lo que siempre le perteneció: la honra y la prioridad en todo. Dios les devolvió a ellos lo que siempre quiso que tuvieran en sus manos: la prosperidad y la abundancia.

7

LAS PRIORIDADES

Hay un dicho muy popular en el mundo comercial que reza así: *"Quien no organiza, agoniza"*. Esto se dice refiriéndose a la importancia de mantener organizadas la agenda, las metas y la vida misma. Tiene mucho sentido, porque desde el principio de la creación esta verdad se hace aplicable. Cuando leemos el Libro de Génesis en La Biblia, en el mismo capítulo uno, en el verso dos, dice que *"la tierra estaba desordenada y vacía"*, enseñándonos que la falta de orden tiene mucho que ver con los resultados en cualquier proyecto. Luego, en la historia del Génesis, encontramos al mismo Dios poniendo todo en orden para luego, finalmente, bendecir la creación.

> **CUANDO UN SER HUMANO TIENE SUS PRIORIDADES EN ORDEN, LAS EVIDENCIAS SON CLARAMENTE VISIBLES, Y CUANDO NO LAS TIENE, TAMBIÉN LO SON.**

Dios nunca bendijo lo que carecía de orden, sino que tomó aquello que estaba desordenado, lo puso en su lugar y luego dio Su bendición. Es así como llegamos a la importancia de organizar las prioridades, porque de esto depende mucho lo que Dios hará con nosotros. Establecer cuáles son nuestras prioridades y tener la disciplina para mantenerlas ordenadas es la clave para toda persona que entiende que la buena, agradable y perfecta voluntad de Dios es bendecir todas las áreas de su vida.

Adán y su familia vivieron bien mientras no alteraron sus prioridades. Había paz y armonía, no había enfermedad ni dolor, gozaban de la abundancia que había en aquel lugar donde Dios mismo los había colocado. Todo estuvo marchando apropiadamente mientras respetaron a Dios como lo más importante, y se le honró con la parte que Él se había reservado para Sí mismo.

Cuando un ser humano tiene sus prioridades en orden, las evidencias son claramente visibles, y cuando no las tiene, también lo son. Ese es, precisamente, el tema central de este libro, en el cual pretendemos guiar a cada lector a entender a cabalidad la poderosa ley de las Primicias, la cual nos ayuda a organizar nuestras prioridades y a colocar a Dios en nuestras vidas como lo primero y lo más importante; y cómo al practicar esta ley se desatan bendiciones innumerables en nuestras vidas. Estoy convencido de que el éxito o la ausencia de este, en cualquier área de la vida, es solamente un reflejo de la sabiduría que usamos para organizar las prioridades en nuestra vida. Jesús lo dijo de esta manera:

> *Mas buscad primeramente el reino de Dios y su justicia, y todas estas cosas os serán añadidas.*
> (Mateo 6:33)

En este pasaje Jesús confirma que cuando alguien tiene sus prioridades en orden, poniendo a Dios en primer lugar, su vida debe ser seguida por cosas que se añaden de forma natural. A esto llamamos evidencias visibles. No es posible esconder el éxito de una vida ordenada, y de igual forma es imposible esconder las consecuencias que se producen por causa de una vida desordenada.

SIETE IMPORTANTES ENSEÑANZAS DE MATEO 6:33

1. El orden no es obra de la casualidad. Debe ser "buscado" y procurado intencionalmente.
2. Hay cosas que solo pueden añadirse a nuestra vida cuando las prioridades están en orden.
3. No son las añadiduras las que debemos buscar, sino el reino de Dios (el gobierno de Dios en

nuestra vida), y las añadiduras nos buscarán a nosotros.

4. La vida no nos da las cosas que queremos o pedimos, sino según aquello que pongamos en primer lugar para buscarlo.
5. Si le damos a Dios Su lugar, todo lo demás encontrará su lugar.
6. El éxito aparece donde el orden de prioridades permanece.
7. Dios puso el éxito del otro lado del orden, y en el proceso borró todos los atajos.

El pecado de Acán

Dios sacó de Egipto a Su pueblo, Israel, después de vivir 430 años de esclavitud. Todo lo que habían visto por más de cuatro siglos de historia fue maltrato, miseria y explotación laboral. Cuando por fin salen de la esclavitud les tocó atravesar un desierto por cuarenta años. Ahora por fin cruzan el río Jordán, y es hora de comenzar a poseer la tierra prometida. La primera ciudad que se encuentran se llamaba Jericó, la cual conquistaron de forma milagrosa, porque fue Dios quien derribó las murallas para que Sus hijos pudieran entrar. Cuando fueron a la siguiente ciudad, la cual se llamaba Hai, los israelitas fueron derrotados y murieron muchos de ellos porque Dios no les dio la victoria. La Biblia enseña que esto fue causado por una persona que se llamaba Acán. Eran aproximadamente unas tres millones de personas las que salieron de Egipto y cruzaron el desierto, pero el error de una sola de ellas fue suficiente para causar aquella calamidad. Para entender mejor lo que está pasando debemos contestar tres preguntas aclaratorias:

Tres preguntas aclaratorias:

1. **¿Qué fue lo que hizo Acán para causar problemas?**

La Biblia dice que Acán *"tomó"* para sí parte de los tesoros de Jericó.

> *Pero los hijos de Israel cometieron una prevaricación en cuanto al anatema; porque Acán hijo de Carmi, hijo de Zabdi, hijo de Zera, de la tribu de Judá, tomó del anatema; y la ira de Jehová se encendió contra los hijos de Israel.* (Josué 7:1)

2. ¿Por qué le molestó tanto a Dios la acción de Acán?

Cuando fueron a tomar Jericó, Dios había dado una orden en cuanto los tesoros que se conquistarían en aquella ciudad, porque era "la primera" de todas las ciudades que iban a conquistar. La orden era que no se podía tocar nada, sino que había de consagrarse todo para Dios. Por ser la primera conquista, debía reservarse para Dios. La Biblia dice:

> *Pero vosotros guardaos del anatema; ni toquéis, ni toméis alguna cosa del anatema, no sea que hagáis anatema el campamento de Israel, y lo turbéis. Mas toda la plata y el oro, y los utensilios de*

bronce y de hierro, sean consagrados a Jehová, y entren en el tesoro de Jehová. (Josué 6:18-19)

3. ¿Qué fue lo que Acán tomó?

La Biblia dice:

Y Acán respondió a Josué diciendo: Verdaderamente yo he pecado contra Jehová el Dios de Israel, y así y así he hecho. Pues vi entre los despojos un manto babilónico muy bueno, y doscientos siclos de plata, y un lingote de oro de peso de cincuenta siclos, lo cual codicié y tomé; y he aquí que está escondido bajo tierra en medio de mi tienda, y el dinero debajo de ello. (Josué 7:20-21)

Lo que Acán había tomado era muy poco, prácticamente centavos, en comparación con la riqueza que habían obtenido los hijos de Israel de aquella poderosa nación. Pero el punto principal no era la cantidad que Acán había tocado, sino el hecho de a Quién le pertenecía el cien por ciento de todo aquel tesoro. Dios había dicho: *"Es mío"*. Y la razón por la que Dios exigía que se reservara para Él era porque, al ser la primera ciudad que estaban conquistando, pasaba a ser las primicias de aquella "cosecha" de ciudades que Dios les estaba dando. Esto es lo que Dios había establecido desde que los israelitas salieron de Egipto:

Jehová habló a Moisés, diciendo: Conságrame todo primogénito. Cualquiera que abre matriz entre los hijos de Israel, así de los hombres como de los animales, mío es. (Éxodo 13:1-2)

Acán pagó aquel error con su vida y la de su familia. Esto quedó como ejemplo y enseñanza para todas las futuras generaciones; no se puede tocar ni siquiera un poco de lo que es de Dios. Él nos ofrece todo, al igual que a Adán, pero se reservará para Él la parte más importante, y aunque la ponga en nuestras manos, lo hará con el objetivo de que tengamos la oportunidad de honrarlo.

El poder de las primicias

El nombre Acán viene de la raíz **Akán,** y significa: tormento, perturbación, tribulación, problema. A manera de paréntesis debemos aclarar que a un judío nunca se le ponía el nombre al azar, sino que debía estar conectado a su propósito o su personalidad. Lo curioso de todo esto es que antes de entrar a Jericó, a Acán nunca se le activó lo que su nombre significaba. Él no tuvo tormento, ni perturbación, ni tribulación, ni problemas al salir de Egipto, ni cruzando el desierto, ni tampoco cruzando el Jordán, y aún menos para entrar a Jericó, que era la primera ciudad que conquistaron los israelitas en la tierra prometida.

A Acán se le activó todo lo que su nombre encerraba cuando tocó las primicias. Porque las primicias tienen la capacidad de activar lo que somos y lo que llevamos por dentro. Mientras Acán no tocaba eso que era de Dios, permaneció inactivo todo lo que estaba depositado en él.

En La Biblia está la historia de una mujer llamada Ana. Ella, al igual que toda mujer, había nacido para ser mamá, pero no podía quedar embarazada porque era estéril. Aunque

> **LAS PRIMICIAS TIENEN ESE PODER; ACTIVAN LO QUE SOMOS.**

estaba casada, aunque oraba a Dios, aunque iba al templo todos los años, de todas formas no podía quedar embarazada. Un día Ana decidió hacer un pacto con Dios y ofreció su primer hijo como primicias. La Biblia dice:

E hizo voto, diciendo: Jehová de los ejércitos, si te dignares mirar a la aflicción de tu sierva, y te acordares de mí, y no te olvidares de tu sierva, sino que dieres a tu sierva un hijo varón, yo lo dedicaré a Jehová todos los días de su vida, y no pasará navaja sobre su cabeza. (1 Samuel 1:11)

Fue así como Dios le otorgó el privilegio de tener un varón, a quien puso por nombre Samuel, y cuando este creció lo trajo al templo y lo dedicó al Señor como primicias. Lo trascendental es que después de que el niño fue ofrecido a Dios, Ana tuvo cinco hijos. Su vientre se volvió productivo. Ella había nacido para ser mamá, pero no fue hasta que ofreció las primicias que se activó su potencial.

Las primicias tienen ese poder; activan lo que somos. Abraham es otro ejemplo. Su nombre significa "padre de muchedumbre", pero no se activó todo el potencial hasta que ofreció a Isaac como primicias. Todo esto nos comprueba que Jesús sí tenía razón cuando dijo que hay cosas que solamente se añaden cuando ordenamos las prioridades y le damos a Dios el primer lugar.

El ejemplo de la viuda y Elías

Vino luego a él palabra de Jehová, diciendo: Levántate, vete a Sarepta de Sidón, y mora allí; he aquí yo he dado orden allí a una mujer viuda que te sustente. Entonces él se levantó y se fue a

Sarepta. Y cuando llegó a la puerta de la ciudad, he aquí una mujer viuda que estaba allí recogiendo leña; y él la llamó, y le dijo: Te ruego que me traigas un poco de agua en un vaso, para que beba. Y yendo ella para traérsela, él la volvió a llamar, y le dijo: Te ruego que me traigas también un bocado de pan en tu mano. Y ella respondió: Vive Jehová tu Dios, que no tengo pan cocido; solamente un puñado de harina tengo en la tinaja, y un poco de aceite en una vasija; y ahora recogía dos leños, para entrar y prepararlo para mí y para mi hijo, para que lo comamos, y nos dejemos morir. Elías le dijo: No tengas temor; ve, haz como has dicho; pero hazme a mí primero de ello una pequeña torta cocida debajo de la ceniza, y tráemela; y después harás para ti y para tu hijo. Porque Jehová Dios de Israel ha dicho así: La harina de la tinaja no escaseará, ni el aceite de la vasija disminuirá, hasta el día en que Jehová haga llover sobre la faz de la tierra. Entonces ella fue e hizo como le dijo Elías; y comió él, y ella, y su casa, muchos días. Y la harina de la tinaja no escaseó, ni el aceite de la vasija menguó, conforme a la palabra que Jehová había dicho por Elías. (1 Reyes 17:8-16)

Elías fue el profeta que Dios usó para que los cielos se cerraran y no hubiese lluvia por tres años y seis meses. Este hecho provocó que se desatara un hambre muy grande sobre la tierra y muchas personas perecieran, y como es de esperarse, las viudas eran las más afectadas.

En medio de aquel evento, como vimos anteriormente, Elías es enviado a visitar a una mujer viuda, la cual tiene un hijo. La provisión que esta mujer tiene le es suficiente para un bocado más y después de esto abandonarse a la muerte por causa de desnutrición. Elías llegó con una asignación divina, y era hospedarse en aquel hogar lleno de necesidades y hacer la que provisión de Dios apareciera. Pero la mujer tenía que estar dispuesta a romper su plan y "reorganizar sus prioridades, para darle a Dios primero".

Enseñanzas de la historia de la viuda

1. Quien ajusta sus prioridades y las organiza de acuerdo al corazón de Dios, siempre tendrá provisión.
2. Cuando Dios nos llama a arriesgarlo todo para ponerlo a Él en primer lugar, es porque tiene un plan mucho mejor que el que nosotros tenemos.
3. Es un error poner nuestras matemáticas a competir con el plan financiero de Dios.
4. Confiar en Dios no es una emoción pasajera. Es más bien soltarse en Sus brazos, sabiendo que Él tiene cuidado de nosotros.
5. Las circunstancias nunca son un limitante para lo que Dios puede hacer si nosotros no le ponemos límites a lo que Él nos está pidiendo.

6. Con obediencia, lo poco se puede convertir en mucho.
7. La palabra tiene poder creativo para multiplicar aquello que se pone en las manos de Dios.
8. La desobediencia de un pueblo trajo hambre a la tierra; pero la obediencia de una mujer mantuvo con vida al profeta que tenía la palabra para abrir los cielos y hacer volver a llover sobre la tierra.
9. Es muy difícil medir toda la abundancia que se puede soltar a partir de un acto de obediencia.
10. Cuando las prioridades se ordenan y se devuelve a Dios al lugar que le corresponde, hasta una viuda sencilla puede cambiarle la historia a una nación.

Epílogo

Todo en la vida pasa por una decisión, y mientras más acertadas sean nuestras decisiones, más éxito tendrán nuestros proyectos. El proceso racional que usamos para tomar esas decisiones se conoce como "orden de prioridades".

Dios me regaló una preciosa esposa. Y dentro de ese regalo llamado matrimonio nos nacieron dos preciosos hijos. El convivir con esos dos hermosos tesoros me ha dado las más grandes lecciones en la vida. El verlos crecer y poder observar cómo cambian sus prioridades con el pasar de los años, es una experiencia extraordinaria. En el momento que escribo este libro ya ellos son adultos. El mayor tiene veintiún años y el menor, dieciséis. Es impresionante escucharlos hablar de sus planes para el futuro. Sobre todo en el caso del mayor, cuando nos dice lo que piensa hacer al graduarse de la universidad, cómo quiere convertirse en Pastor y además, casarse y formar una familia.

La lección llega porque no siempre fue así. Me recuerdo muy bien en su etapa de niño que su pasión era jugar con una pelota, y todas las tardes salíamos al patio a jugar con él. Pero al pasar los años y llegar la tecnología las cosas cambiaron un poco y el disfrutaba muchísimo de los juegos electrónicos.

Al llegar a la escuela superior volvió a enamorarse del deporte y jugó con el equipo de la escuela. Se levantaba todos los días a las cinco de la mañana para ir a las prácticas y regresaba tarde para quedarse practicando después de las clases. Luego llegó su novia, una

Epílogo

niña preciosa, y ya no quiso seguir jugando, porque todo su tiempo libre lo quería dedicar a estar con ella de paseo. Ahora que es un adulto está trabajando a tiempo completo en las oficinas del ministerio, ayudándonos con la administración; además, es músico. Su pasión por servir y ayudar a los jóvenes es muy grande, y junto a su novia se han convertido en pastores juveniles.

Es típico de un infante abandonar lo primario para atender lo secundario; hechos como el jugar en vez de hacer tareas, ver televisión en vez de dormir, comer dulces en vez de la comida. Muchas acciones como estas son tenidas como normales en un niño, y llegan a causar gracia en su justa medida. Pero con el tiempo, se espera que la madurez llegue y con esta el reconocer y administrar las prioridades con sabiduría.

Cada etapa de la vida altera nuestras prioridades, lo cual a su vez coordina nuestras decisiones. El madurar nos hace pensar diferente y nos ayuda a entender lo que realmente es importante. Sin ese crecimiento que nos ayuda a distinguir entre lo primordial y lo secundario, nuestra sociedad sería un caos.

El mensaje y propósito central de este libro es motivar un avance en el crecimiento y madurez espiritual para vivir de tal manera que Dios sea siempre nuestra más alta prioridad. Después de todo, de eso depende el éxito y las bendiciones en la vida de cada cristiano, lo que también Jesús llamó "añadiduras". Todas las actividades que practicamos para agradar a Dios, como el servir, adorar, orar, ayunar, tienen su alta importancia, pero ninguna de ellas puede ser tan imprescindible como devolverle a Dios el primer lugar.

Acerca del autor

Yader Emanuel Simpson es una voz internacional de impartición práctica sobre las finanzas familiares y empresariales. Es conferencista y motivador, y su revelación especial se une a su experiencia como empresario y consejero para difundir la palabra de sabiduría administrativa que está cambiando vidas en Hispanoamérica y los Estados Unidos. Sus programas de televisión se ven en Miami, Puerto Rico, Perú, y Nicaragua. Es autor del libro *Sabiduría para prosperar*. Ostenta una maestría en Divinidades y un doctorado en Psicología Cristiana de *Logos Divinity University*. Es el pastor principal de la Iglesia

Jesucristo El Todopoderoso en Miami, y ha ayudado a fundar otras iglesias. Yader reside en Miami, junto a su esposa Noemí, y sus dos hijos: Yader Josué y Winston Joel.